吉林大学
考古与艺术博物馆

馆藏文物丛书·书画卷

Jilin University
Museum of Archaeology and Art
Cultural Relics Series: Painting and Calligraphy

书画卷

吉林大学考古与艺术博物馆　编
唐淼　主编
陈秋丽、杨平　副主编

上海古籍出版社

《吉林大学考古与艺术博物馆馆藏文物丛书·书画卷》编委会

前言

吉林大学考古与艺术博物馆除收藏瓷器、青铜器、甲骨、钱币、玺印数量较多以外，入藏的百余件书画类文物亦颇具特色。这批书画中的大部分为于省吾先生代表吉林大学（时称东北人民大学）于20世纪50年代从北京琉璃厂文物商店购得；另有三十八件日本书画为东北博物馆（辽宁省博物馆的前身）移交所得；此外还有九件藏品为罗继祖先生捐赠，皆属罗振玉旧藏。1988年6月25日，由谢稚柳、杨仁恺、刘九庵、傅熹年等专家组成的全国古代书画鉴定组曾对部分书画进行了鉴定并著录。

本馆收藏的书画主要为明代以来作品，包括书法长卷、手札、手稿、拓本、山水画、花鸟画、人物画等，其中不乏具有较高艺术价值和研究价值的珍品。除了少数被专家鉴赏或在馆内短暂展出外，绝大多数藏品尚不为人知。为此，本馆首次对馆藏书画进行了系统整理，从中精选出历代书画四十件编纂付梓。本书由中国书法、中国画、日本书画三个单元组成，每个单元的藏品以年代为顺序，在此基础上书法以墨迹、拓本为序，中国画以山水、花鸟、人物为序依次排列。

本书收录的书画中，有几件重点推介的文物：

1. 应大猷等《明贤手札册》

该手札以册页形式装裱，共四十二开，由二十二位明正德至嘉靖时期的官员、学者所书信札组成，其中前二十一通上款人均为萧鸣凤，最后一札为萧氏手书。这些信笺涉及的内容广泛，囊括了日常生活、学术和文人间的交往等诸多方面，反映出有关明代士人阶层生活的丰富历史信息。此册页曾经清代沈玉书、近代罗振玉递藏，并有清代著名学者宗稷辰题跋，20世纪80年代由罗振玉之孙罗继祖捐赠吉林大学。《明贤手札册》是一件内容丰富、递藏有序的珍贵文物，也是本馆的馆藏精品之一。

2. 王士祯《行书南行志手稿册》

该稿册为王士祯手迹。王士祯为有清一代诗宗，其文亦清脱可喜。康熙二十三年（1684）王士祯官少詹事时奉使祭告南海，记其驿程所经，全文仿范成大《吴船录》体，所载自京师至广州而止，故曰“南行志”。《四库全书》收有康熙年间写刻本，题为《南来志》。本手稿删乙处颇多，对于通行本极具校勘价值。

3. 郎世宁《嘉禾鹌鹑图》

该图作于雍正二年（1724）夏月。这一时期的祥瑞图在宫廷花鸟题材中极为盛行，图中饱满的谷穗与憨态可掬的鹌鹑相映成趣，取“岁岁双安”之意，寓意风调雨顺，百姓连年丰收，天下安和长治。与传统的中国花鸟画不同，郎世宁运用西方的焦点透视法增加了画面的立体感，形成了精细逼真的效果，是典型的郎氏新体画。

4. 齐白石《工虫画册》

该画册作于 1943 年，题名为“吾道何之”，是齐白石“衰年变法”后的代表性作品。册页共十开，内容包含了生活中常见的草虫花卉、瓜果家禽等。白石老人将工笔和大写意的画风相融合，笔墨淋漓、浑然天成，充满了自然意趣。

本书之编纂虽经同人通力协作，又经专家指点审定，但限于学识精力，亦难免挂漏舛误，敬请广大读者指正为盼。

编者 2023 年 7 月于长春

一九八八年六月廿五日在長春觀
吉林大學所藏書畫因屬題
全國古代書畫鑒定組

謝稚柳
楊仁愷
劉九庵
傅熹年

目录

前　言

日本书画

中國書法

中国书法

○一 明 应大猷等 明贤手札册

纸本 水墨 四十二开

纵 24.7 厘米 横 40.3 厘米

释文： 略。

钤印： 略

题跋： 1. 萧先生静庵以名督学称于当时，阳明子雅重之，彭山又与同年。其时朝右如霍兀厓辈颇相契切，而未尝藉其援引，洵卓然有道人也。此册二十二札，沈氏得之于其后人，初元不止此数，名著甚者为人索去，所存唯此。内如黄慎卿、屠安卿、洪玉方太守，皆言及学术，姚维东后起，亦相慕以道。兀厓一札乃专论出处，余皆寻常问候而已。末一札为先生劝胡光禄引疾者，淡淡语足见其胸次之宽大也。阳和齿稍晚，其谭乳牛牧儿，疑太屑屑，非所以对长老。或云萧张本亲串耳。后学稷辰谨题。藏者沈生玉书之弟宝书并识。

2. 按《郡志》，当即与胡公文静官光禄少卿者，胡以宏治十七年同萧公乡榜也。稷辰记。

鉴藏印： 四贤讲堂（朱）、宗稷辰印（白）、躬耻（朱）

题签： 1. 明贤手札。宸翰楼藏。（罗振玉题） 鉴藏印：罗振玉（白）

2. 明贤手翰集册。宗涤楼跋。（罗继祖题）

著录： 1. 罗振玉：《宸翰楼所藏书画录·戊·资闻录》，《罗振玉学术论著集》第七集《雪堂藏古器物目录（外五种）》，上海古籍出版社，2013 年，第455 页。

2. 杨仁恺：《中国古代书画鉴定笔记》，辽宁人民出版社，2015 年，第2862 页。

3. 傅熹年等：《傅熹年中国古代书画鉴定组工作笔记》，中华书局，2023 年，第2837 页。

本册页包含二十二通手书信札，前二十一通分别为应大猷、屠侨、汪俊、朱衮、方豪、霍韬、王应鹏、何诏、黄初、刘大谟、许赞、王爌、余才、姚涞、吴鼎、洪珠、谢丕、谢迪、张元忭、史道、刘瑞等明代正德至嘉靖时期的官员、学者所书，上款人均为萧鸣凤，其中两札不全；最后一通为萧鸣凤手书，致信者为胡文静。

萧鸣凤（1488—1572），字子雍，号静庵，山阴（今浙江绍兴）人，明正德九年（1514）进士，由御史历仕至广东学政。嘉靖八年（1529）被免官，遂不出。

此册页经清代沈玉书、近代罗振玉递藏，后由罗振玉之孙罗继祖捐赠给吉林大学。

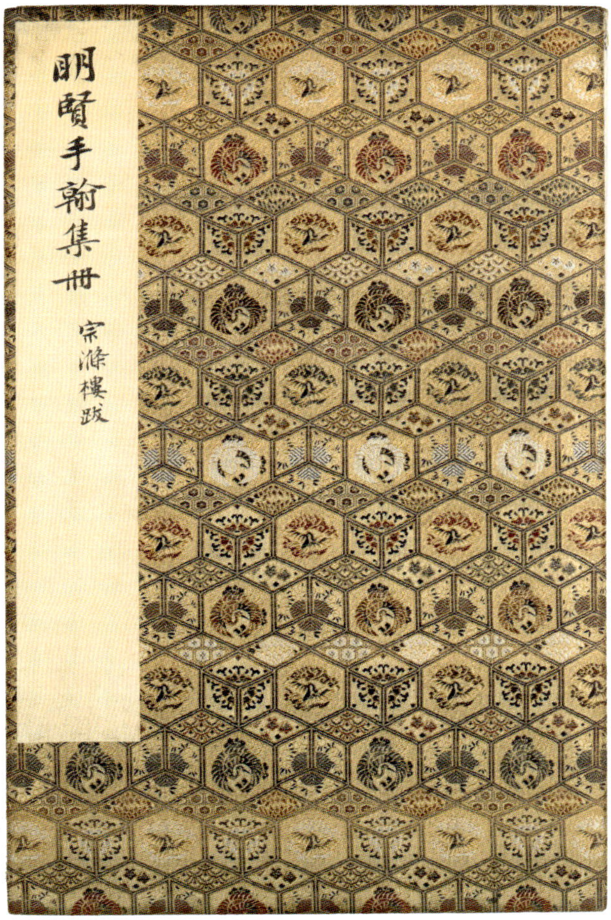
明賢手翰集冊
宗源樓跋

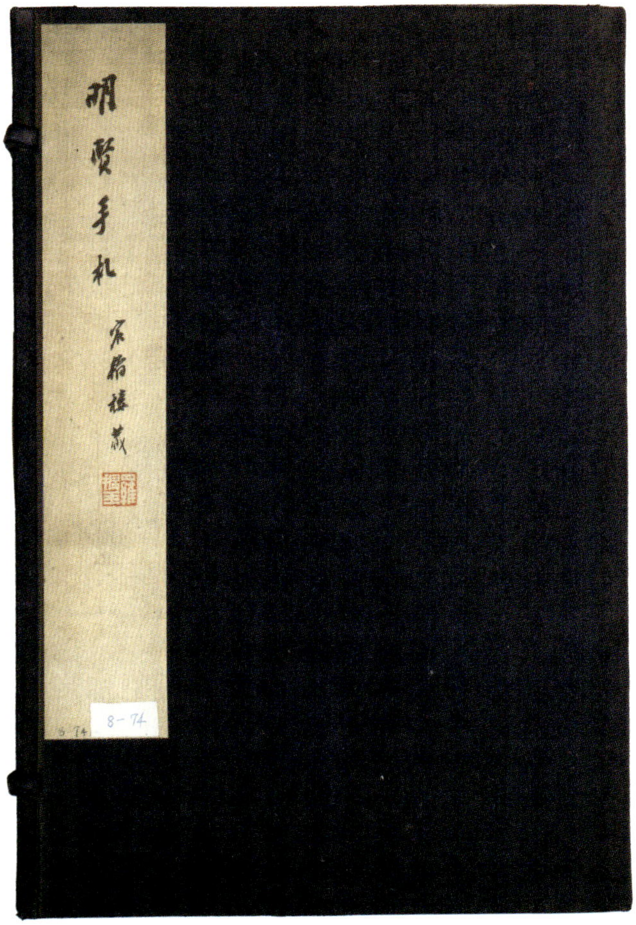
明賢手札
8-74

王文太守皆言及學術始終東溪書

亦相慕以道乃至一札乃專論出處

條皆君常問候而已末一札為先

生勸胡光祿引疾去讀、語足見

其胸次之寬大也陽和圖稍晚其

評乳牛牧兒於太眉、非所以對長老

或云蕭張本親串可後學稷良謹題

藏者沈生玉書之平寶者 益慶

蕭先生靜庵以名賢學稱於當
時陽明子雅重之彭山又與同年
其時朝右如霍兀厓輩頗相契切
而未嘗藉其援引洵卓於有道人
也此冊二十三札沈氏得之於其後人初
元不止此數名甚著爲人索去
所存唯此內如黃慎卿屠安卿洪

也聞士期迫，量當速來，且以早辟坡人
耳，敬此奉迎，餘俟
面既
左聞

正月八日年弟應大猷再拜

大猷頓首啓

文宗嵩老先生年丈 執事 別久聲聞并

闕

斗山迥隔曷勝瞻急近得報甚喜

依歸有日交喜

1.1

壽堂外

道體康裕多士有賴閤宅亦均吉慶良

慰瞻仰沐

使教甚荷不遺所諭安靜以養微陽誠

是〻

學政并餘帖案足見經綸有大抱負者

年生屠倬再拜書奉

督學肅年兄大人先生執事　自昨

臺第賜款後相間又倏有月日去歲禫免

赴

闈適會稽晉訪獲接仲器諗

爲情萬萬

節哀爲道自慰以副斯文之

望不具

林下友生汪俊再拜

憲副蕭大人先生至孝

遠承

重委不敢固辭然實非病筆

所能任也勉強塞

命殊未足以副

仁人孝子之情負愧、、

甲胜穩妥得佳耶尊

目望尊示抗因

賀々 敬尊進趨人錢果

十一 辱從學天海見慶

訪比憙向吉岩良人

侍弟方豪宮勝果頓

大

主簿大人先生以丈

向在山中曾草〻作一書

以宋司訓鴻轉上以鴻為

大夏副蕭年先傳曰大公領

敕枋玉仰

先此人晉天公以批乃以見後一二小筆

旅亦公論漸空四選後廿七亦去矣

清傳御疏言士論大以為是特圖政

任

先此以收清淳沿須廿七日當

且未恒疏亦不敢之張授

朝廷以人計六州以為河中舉病致仕之謀

上許衡七方為之求賢疏果

上亦以主棄故向 大佐取疏收心奉

年中霍　翰林首耳

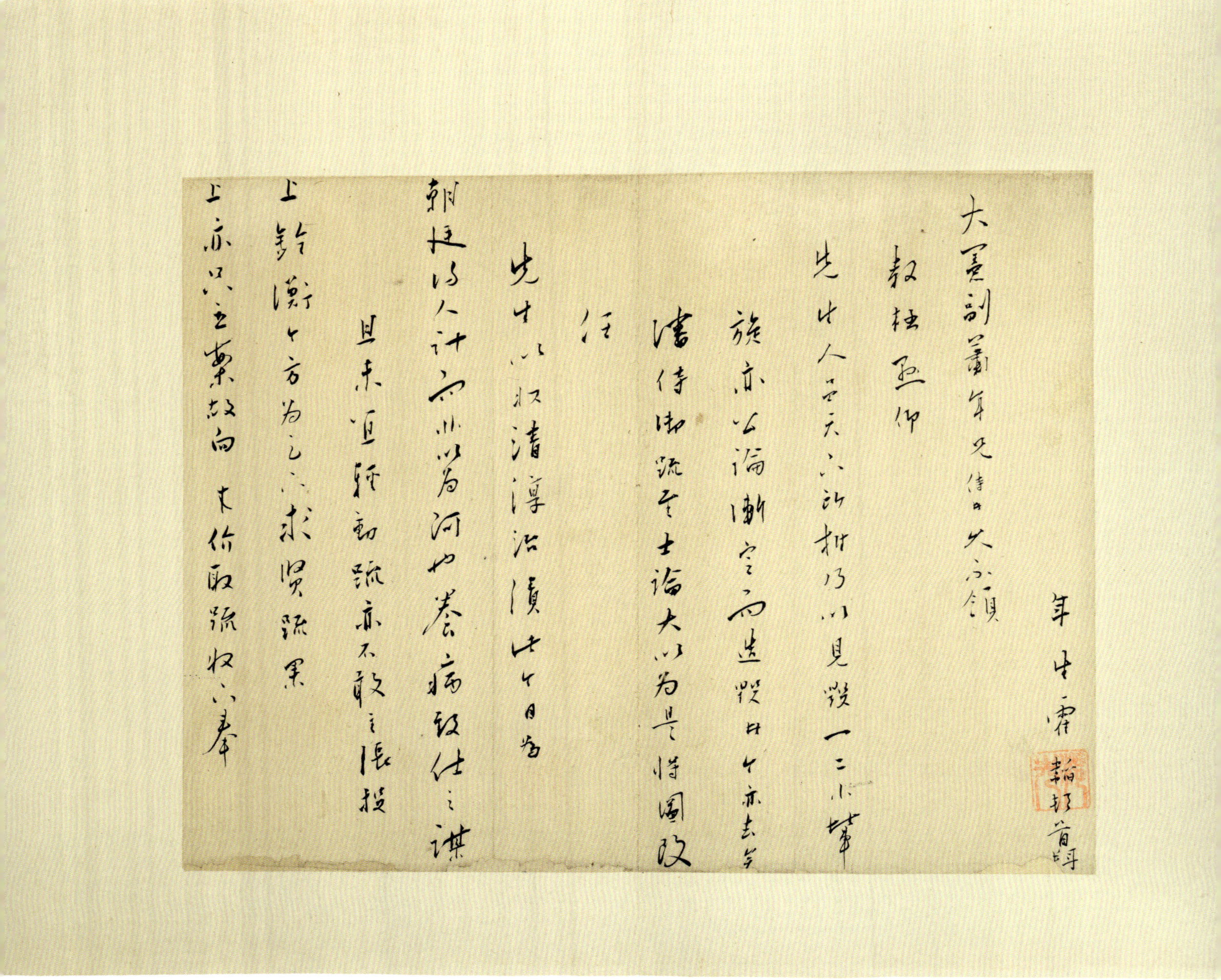

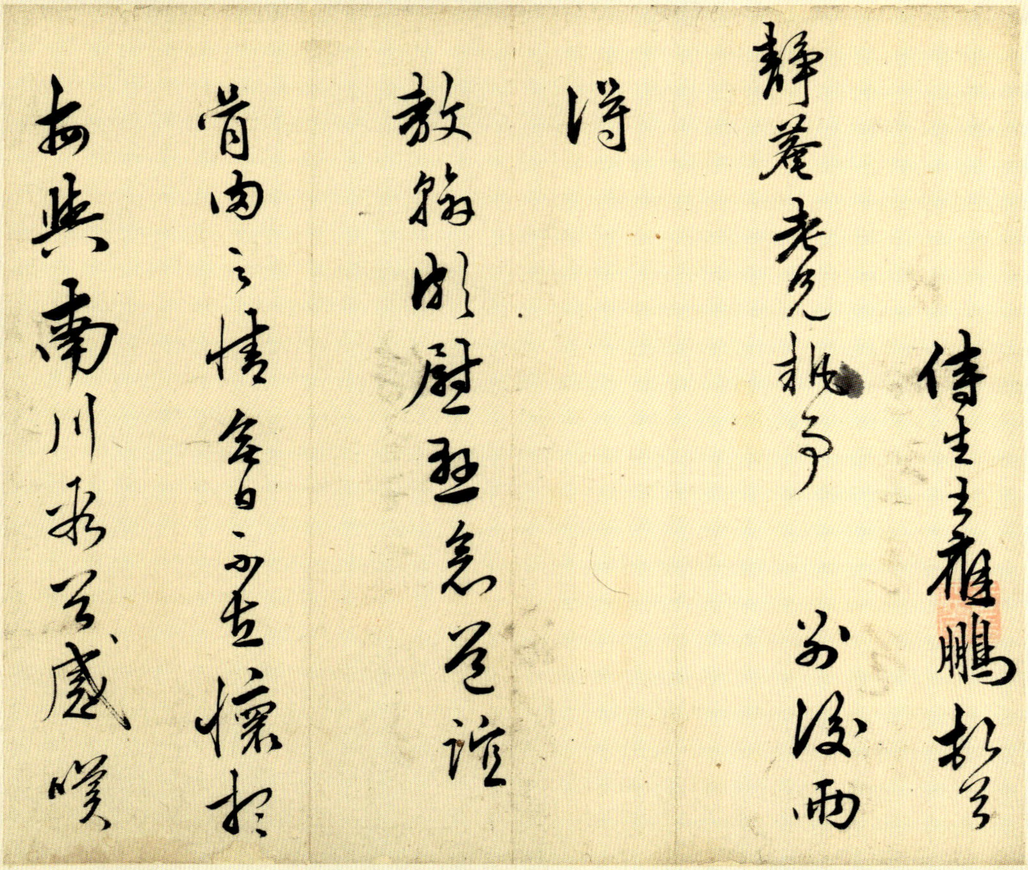

1.11

狗來餘弟莫歎息乎

懇尤兄鎬近來听是者之說擅於

門前蓋造高房意圖風水福居

殆不知有父在覓福過覓生作孽自

有弟餘已者若問而不救豈父母愛子

春生何詔頓首謹啟

大憲伯蕭老先生執事吳下江頭奉

別倏忽十載餘矣數承

教惠感念可言邇者忽傳

老先生道德重於當時文章駕乎前古南畿
文化大更丕變中州士類懋見陶成雖生遠仕
殊方得於風聲耳目間者亦大得持循依歸
之法斯文何幸歟蓋重行檢而後文藝
執事已挈斯道之大綱握斯文之正印持此以往可

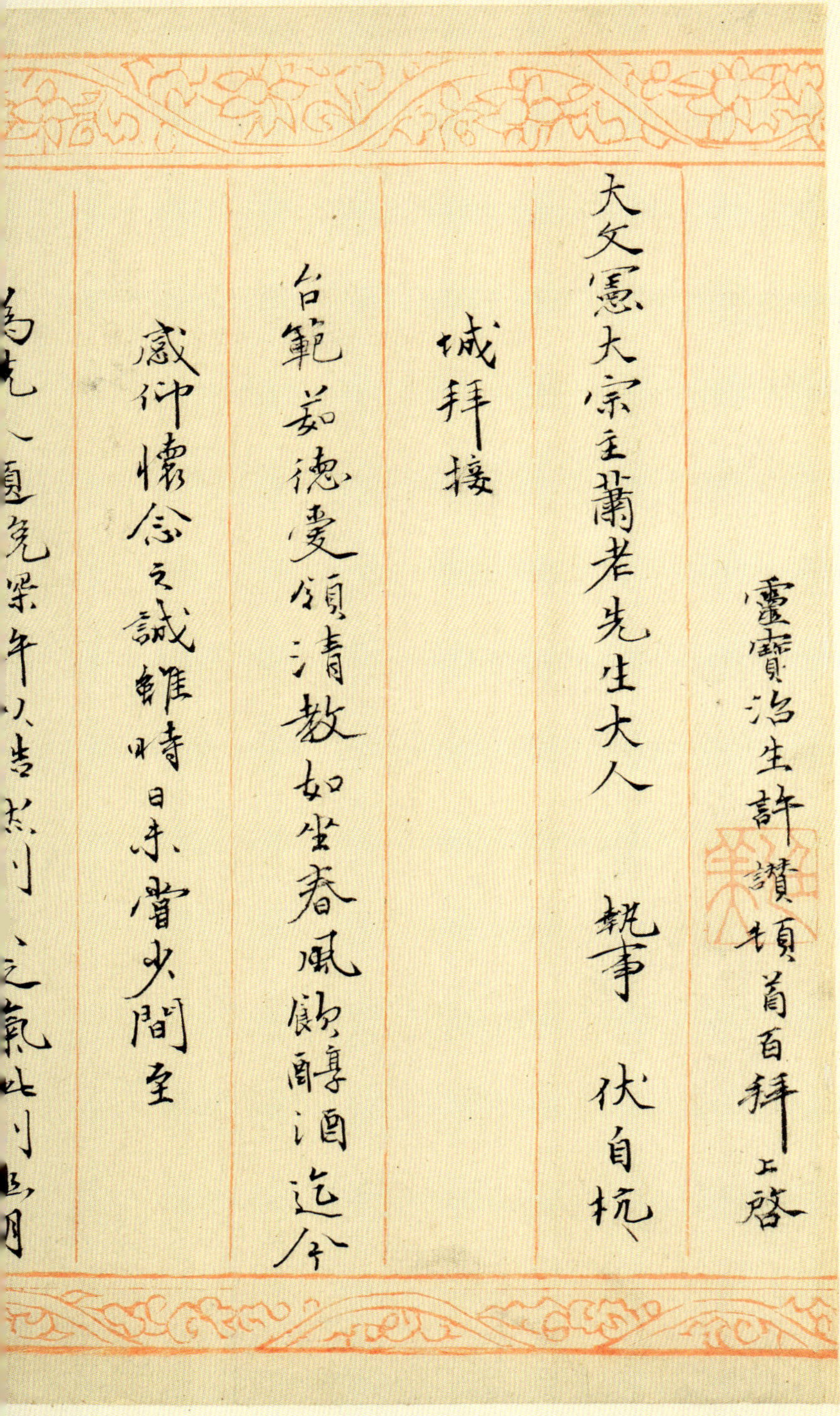
靈寶治生許讚頓首百拜上啓
大文憲大宗主蕭老先生大人執事　伏自杭
城拜接
台範茹德受領清教如坐春風飲醇酒迄今
感仰懷念之誠雖時日未嘗少間至

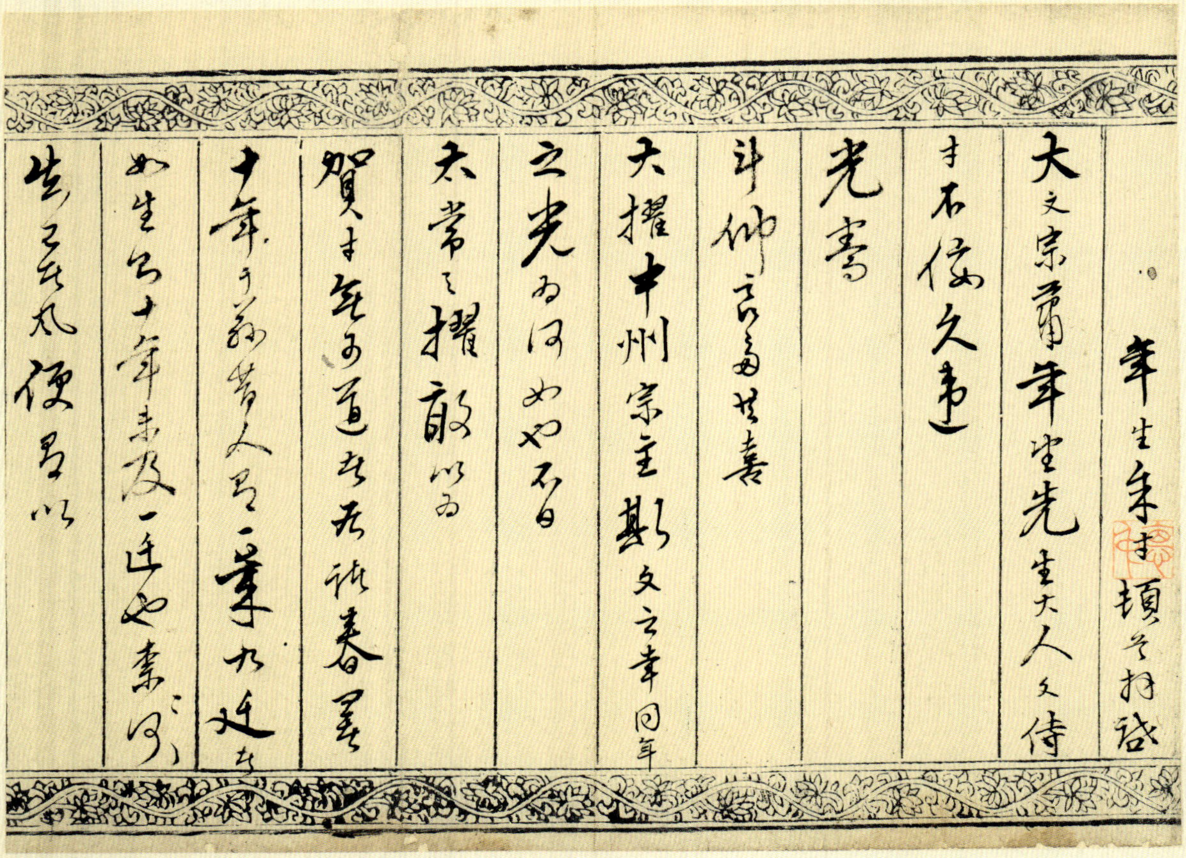

1.24

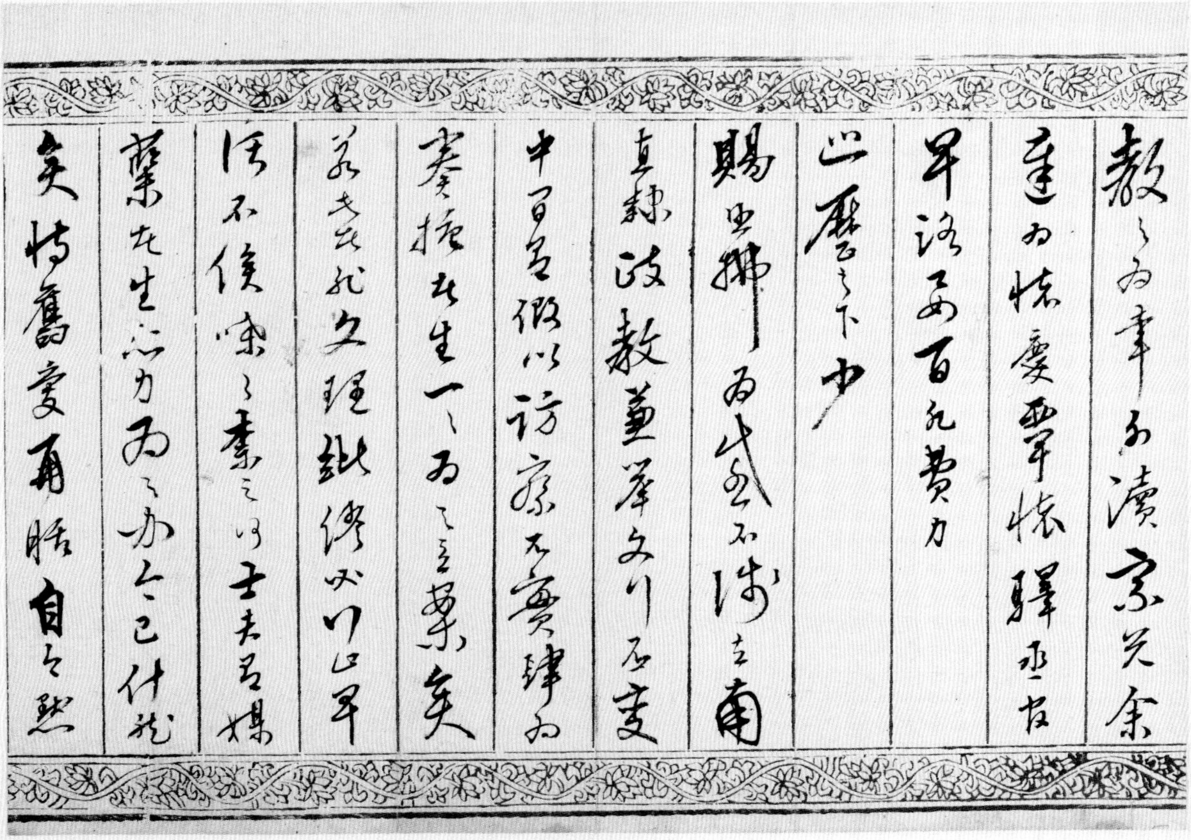

1.25

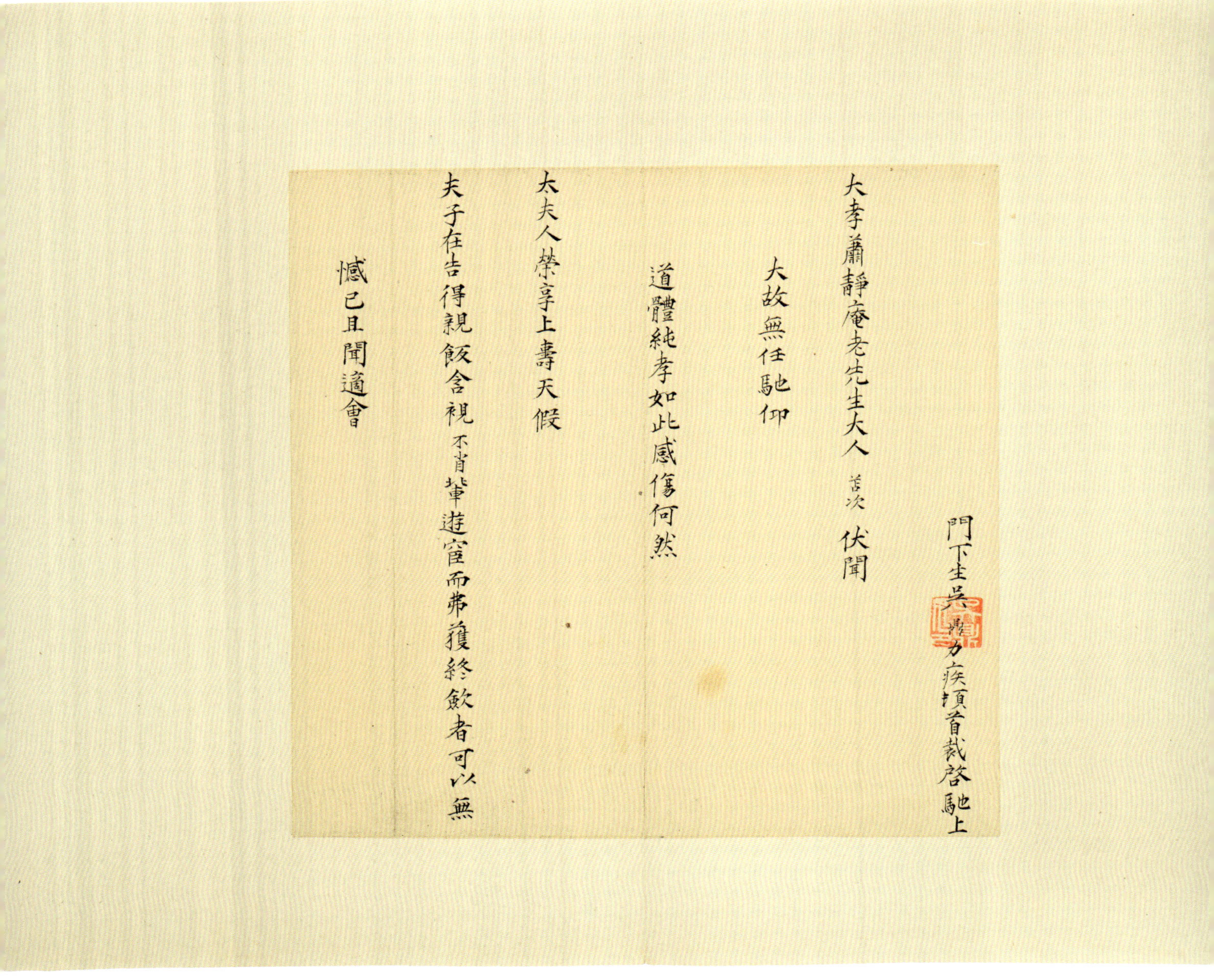
門下生吳寬力疾頓首裁啓 馳上
大孝蕭靜庵老先生大人 苫次 伏聞
大故無任馳仰
道體純孝如此感傷何然
太夫人榮享上壽天假
夫子在告得親飯含視 不肖輩遊宦而弗獲終斂者可以無
憾已且聞適會

1.28

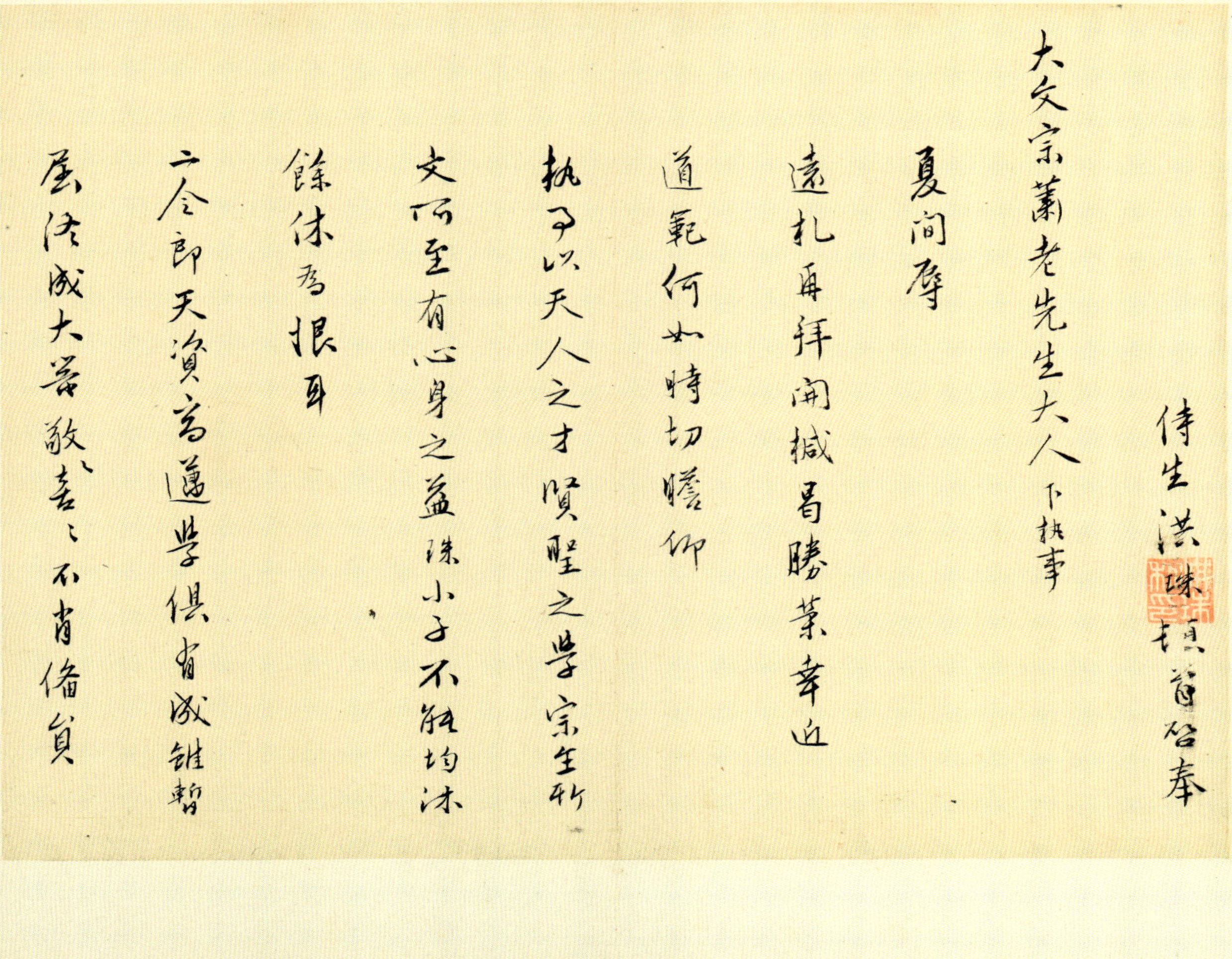

侍生洪珠頓首啓奉
大父宗蕭老先生大人下執事
夏間辱
遠札再拜開緘曷勝榮幸迄
道範何如時切瞻仰
執事以天人之才賢聖之學宗生所
文所至有心身之益珠小子不能均沐
餘休為恨耳
二令郎天資高邁學俱有成雖暫
屈法成大器敬羨羨不肖備負

1.30

向自守至親敢為先容幸也
干冒冱寒惟萬萬為
斯文珍護是祝
腊廿五日寓治郡珠再拜
公陵帕一方侑緘
左賀

貴地才短識凡何以善效執役皆

餘愧焉恃

交偹蒙

賜教又荣里拳拳厚望微忱也所

原江小陽大秦洙家市上、年生之学

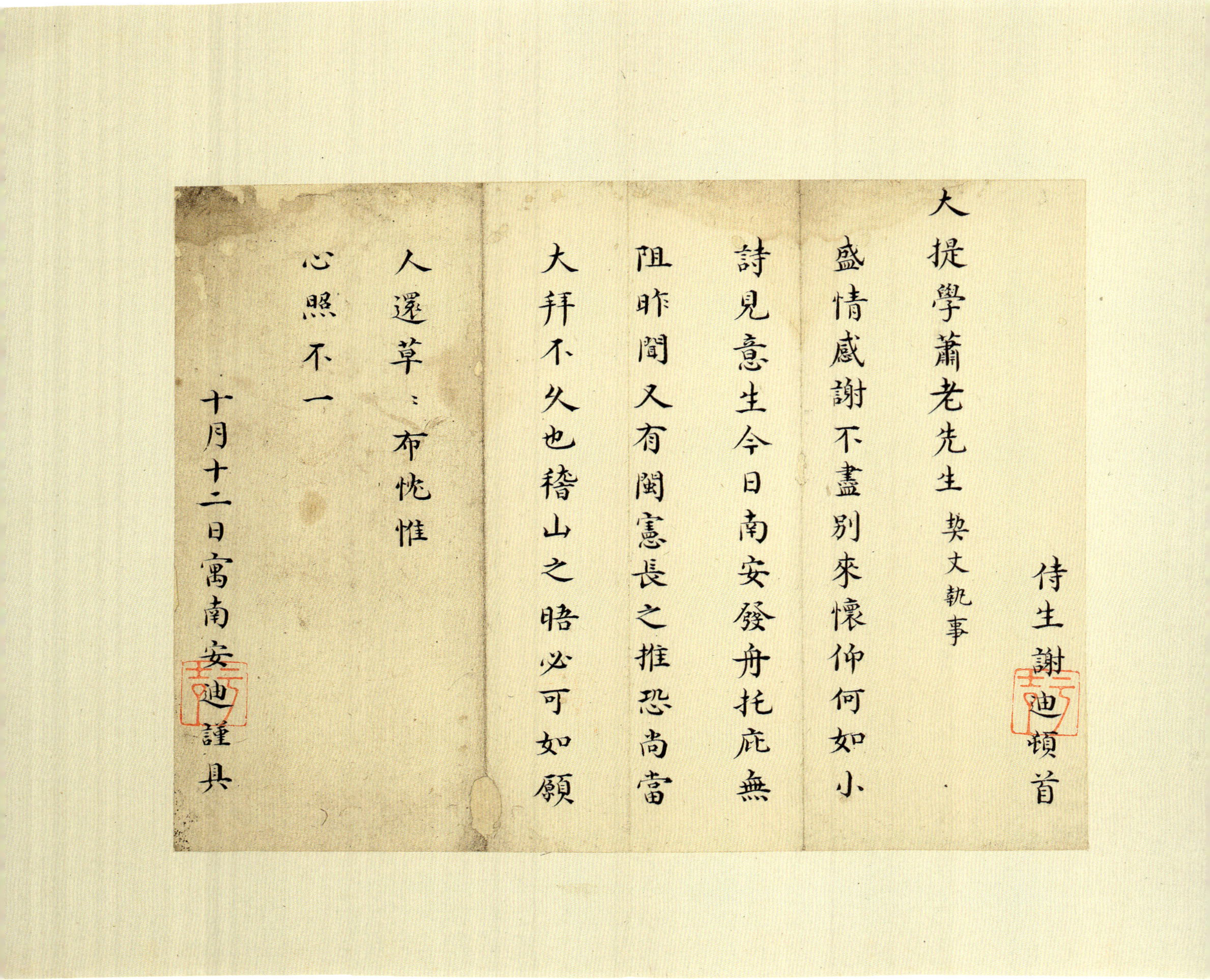
侍生謝廸頓首
大提學蕭老先生 契文執事
盛情感謝不盡别來懷仰何如小
詩見意生今日南安發舟托庇無
阻昨聞又有閩憲長之推恐尚當
大拜不久也稽山之晤必可如願
人還草草布忱惟
心照不一
十月十二日寓南安廸謹具

1.34

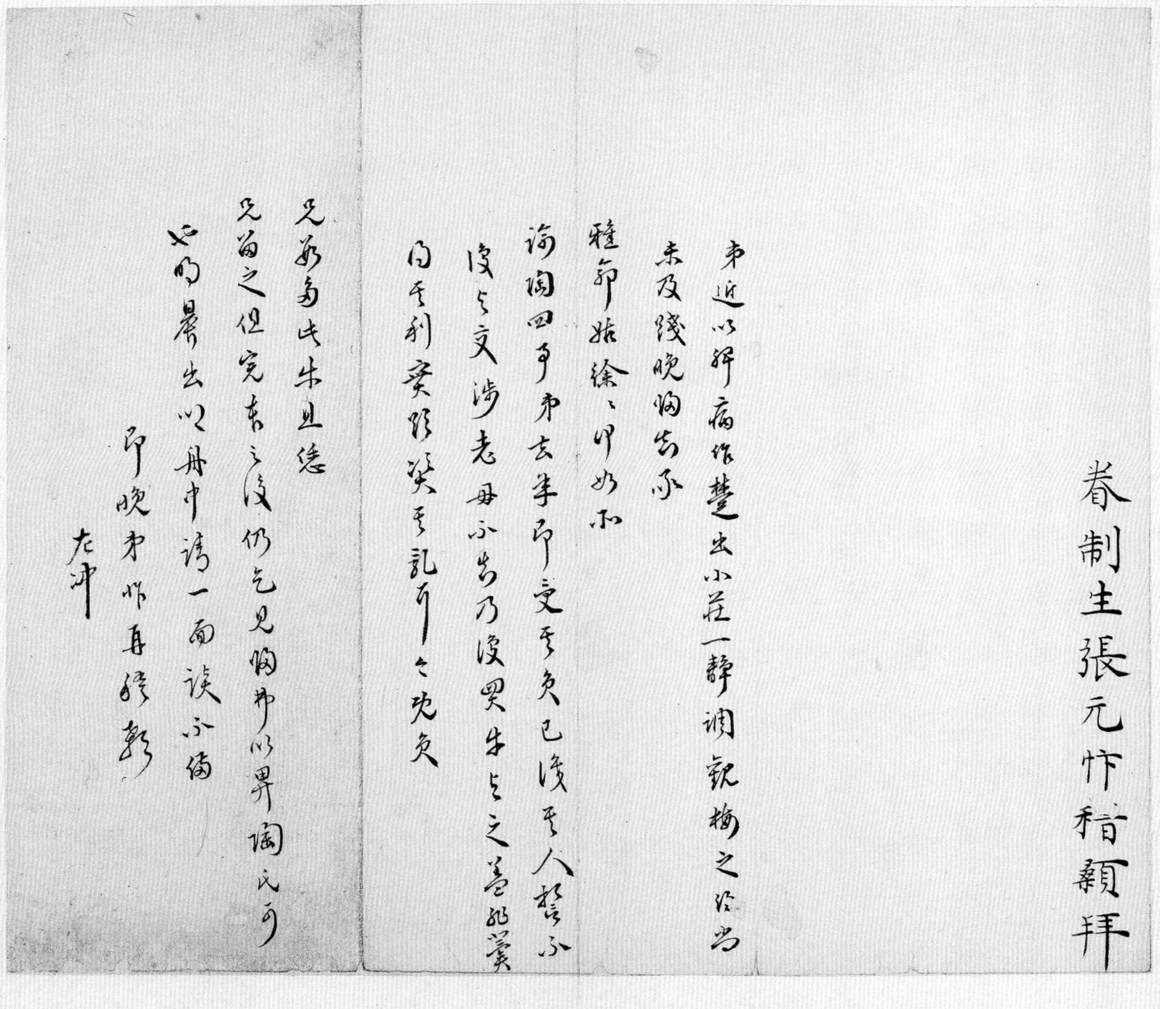
眷制生張元忭稽顙拜
弟近以拜扇作楚出小莊一靜調飲梅之給尚
未及餞晚猶出示
稚卿姑徐徐卬始不
論陶四弟去年即受事矣已後事人楚不
後之文涉遠母不出乃浚哭生之忘地冀
日事利實頗決事記耳之次矣
兄取多氏朱且終
兄留之但完書之後仍乞見擲弗以畀陶氏可
也明晨出以舟中請一面談不備
即晚弟忭再頓顙
左冲

1.35

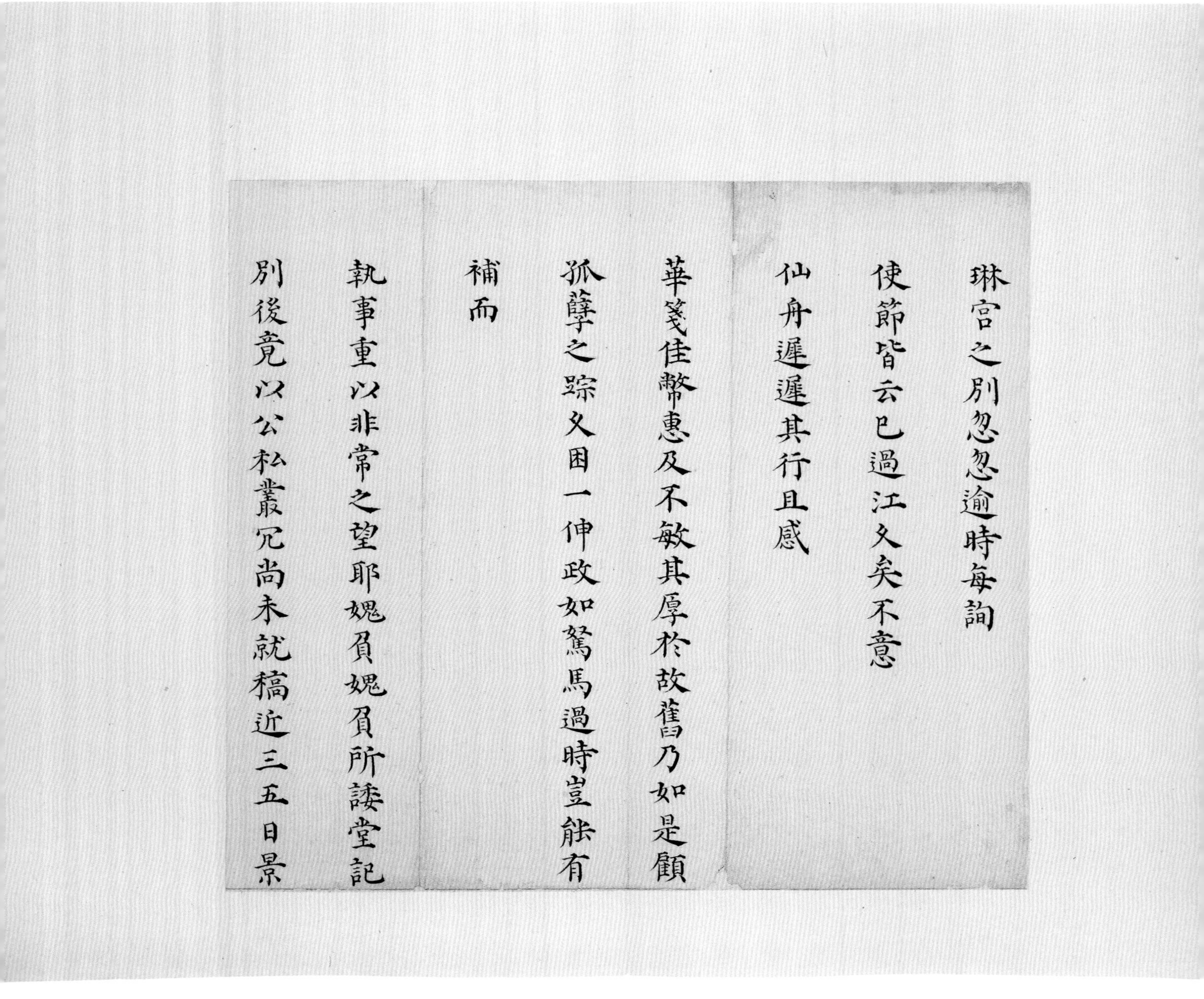
琳宮之別忽忽逾時每詢
使節皆云已過江久矣不意
仙舟遲遲其行且感
華箋佳幣惠及不敏其厚於故舊乃如是顧
孤孽之踪久困一伸政如駑馬過時豈能有
補而
執事重以非常之望耶媿負媿負所諉堂記
別後竟以公私叢冗尚未就稿近三五日景

1.37

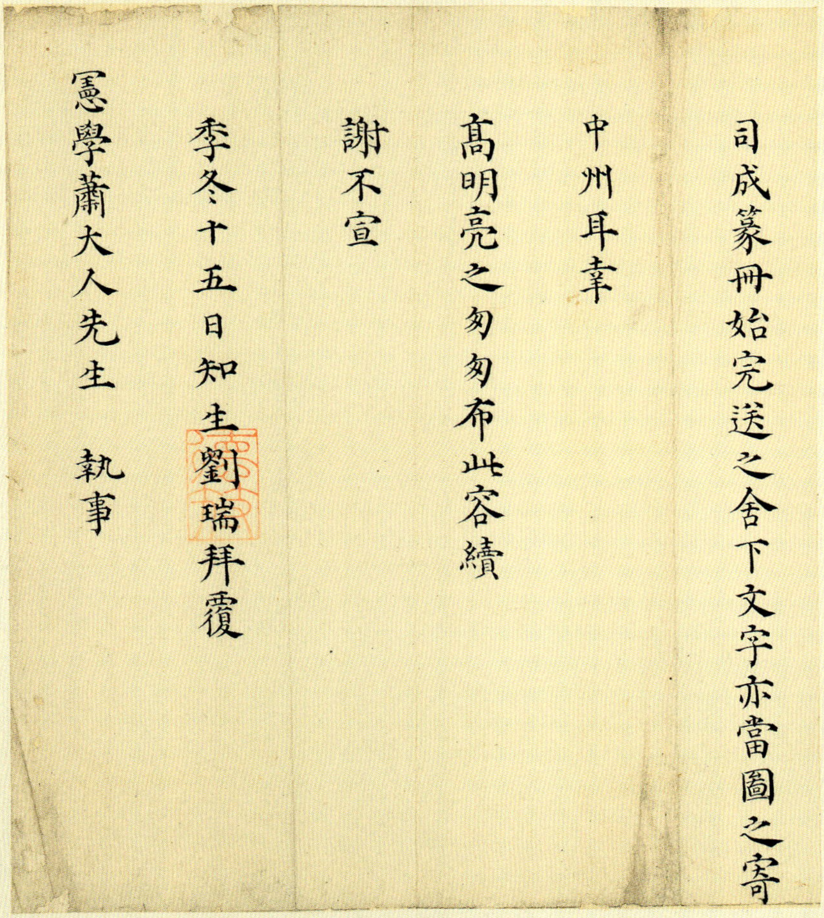

司成篆冊始完送之舍下文字亦當圖之寄

中州耳幸

高明亮之匆匆布此容續

謝不宣

季冬十五日知生劉瑞拜覆

憲學蕭大人先生　執事

1.38

亦與大隱之自實懷抱而心誠至不
當自愧世間人事勝我者固多不如我
者亦不少能反覆一思身外百物俱不足
以惱吾懷抱也愚意

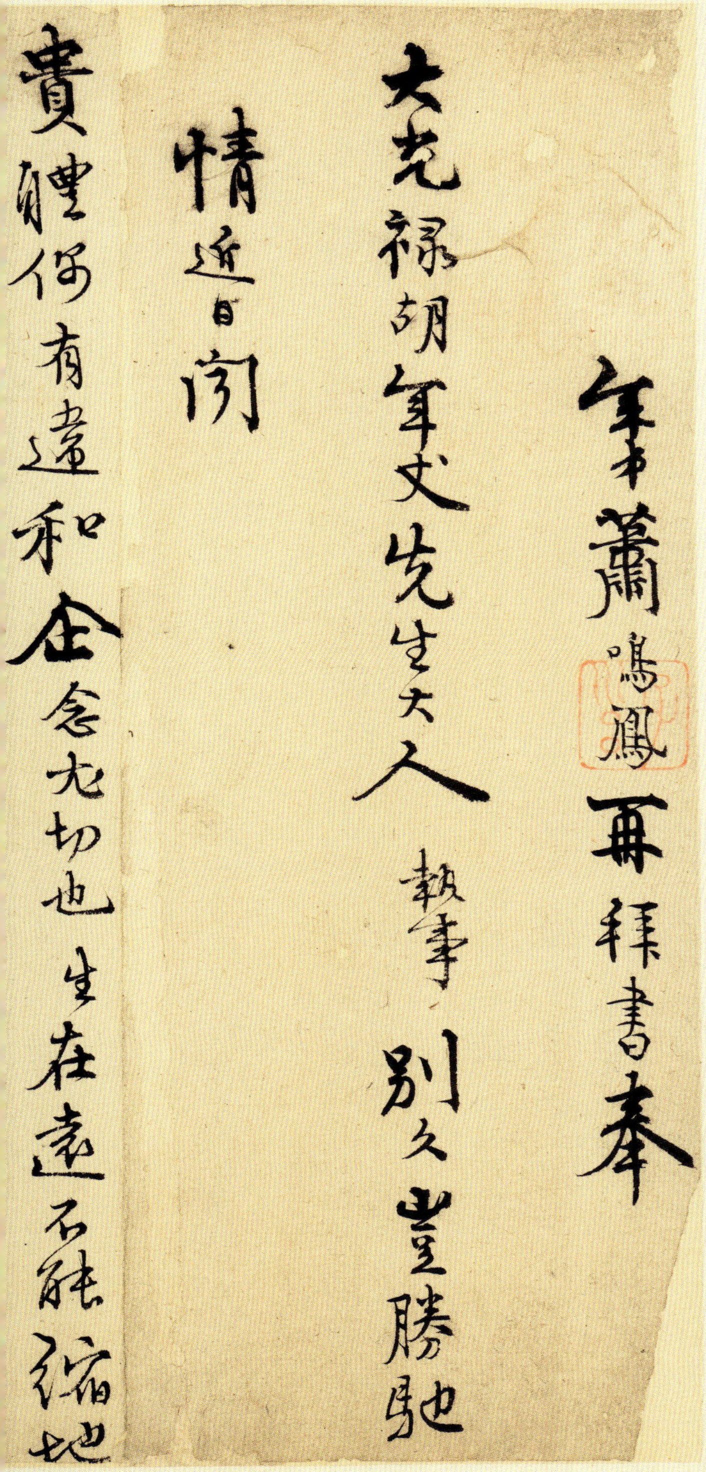
年弟蕭鳴鳳再拜書奉
大光祿胡年丈先生大人
教事 別久豈勝馳
情 近日聞
貴體保有違和
企念尤切也 生在遠不能縮地

平

老兄病中乞不必勞念也今因馬天錫行便

謹此布問 生論事不祿之年足言者其

按郡志當即與胡公文靜官光祿少卿者胡以宏

治十七年同蕭公鄉榜也稷辰記

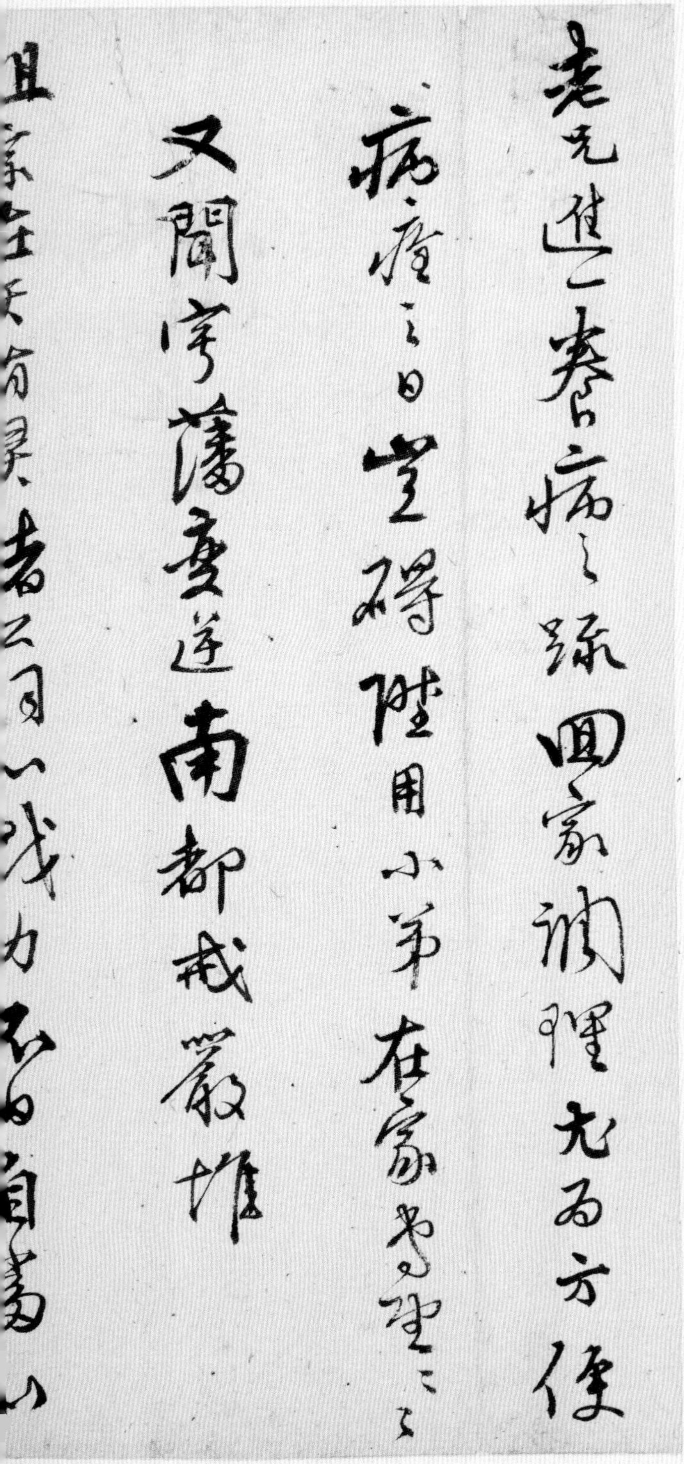

老兄進之春病之疏回家調理尤為方便

病痊之日當得陞用小弟在家專望之之

又聞寧藩叛逆南都戒嚴雖

且家生兵有變者不日以戒力[illegible]自為以

〇二 明 董其昌 草书东坡词卷

绢本 水墨

纵 25.5 厘米 横 331 厘米

释文： 略。

款识： 其昌书。

钤印： 知制诰日讲官（白）、董其昌印（白）、玄赏斋（朱）

题签： 董香光草书东坡词卷。兰甫题。（陈澧题） 鉴藏印：兰甫（朱）。

著录： 1. 杨仁恺：《中国古代书画鉴定笔记》，辽宁人民出版社，2015 年，第2863 页。

2. 傅熹年等：《傅熹年中国古代书画鉴定组工作笔记》，中华书局，2023 年，第2838 页。

董其昌（1555—1636），字玄宰，号思白、香光居士，松江华亭（今上海）人，明代书画家、鉴赏家，“华亭派”领袖。万历十七年（1589）进士，授翰林院编修，官至南京礼部尚书，谥文敏。擅画山水，师法董源、巨然、黄公望、倪瓒，倡导“文人画”和“士气”，主张“士人作画，当以草隶奇字之法为之，树如屈铁，山似画沙，绝去甜俗蹊径”，追求“生”“拙”“真”“淡”的趣味。其书法广泛临学古人，融合变化，集各家所长，神行与气韵兼备。董其昌提出“南北宗”之说，将南宗归属于文人画派，为画家正统，对后世影响深远。清方薰《山静居画论》云：“书画一道，自董思翁开宗说法以来，海内翕然从之。”著有《容台集》《画禅室随笔》《画旨》《画眼》等。

〇三 清 王士禛 行书南行志手稿册

纸本 水墨 十一开

纵 28.7 厘米 横 33.9 厘米

鉴藏印：潜夫（朱）、金谿兰堂杨氏之印（朱）、杨承泽（白）、屺庐读过（朱）

题签：渔洋山人南行志稿。光绪甲辰纪青二兄得此稿于新城，屺庐见之，爱不释手。纪兄慨然赠之，绝无吝色。欣喜携归，书后志所由。（杨承泽题） 鉴藏印：片云楼（朱）。

著录：1. 杨仁恺：《中国古代书画鉴定笔记》，辽宁人民出版社，2015 年，第2862 页。

2. 傅熹年等：《傅熹年中国古代书画鉴定组工作笔记》，中华书局，2023 年，第2837 页。

王士祯（1634—1711），原名士禛，以避雍正讳改今名，字子真，一字贻上，号阮亭，又号渔洋山人，新城(今山东桓台县）人，清代诗人、文学理论家。顺治十五年(1658）进士，由扬州府推官历仕至刑部尚书，谥文简。士祯于诗标举“神韵”，称一代正宗。清《四库全书总目提要》云：“当我朝开国之初……士祯等以清新俊逸之才，范水模山，批风抹月，倡天下以‘不著一字，尽得风流’之说，天下遂翕然应之。”其书法亦有名，清李集《鹤征前录》云：“阮亭楷书之精，逼真褚公《枯树赋》。”梁章钜《退庵书画跋》称其“本不以书名，亦有若无意于书，而柔闲萧散有晋唐风味”。

此手稿当作于清康熙二十三年（1684），殆为后来写刻《南来志》之初稿，故多删乙之处，册后宣统间山阴胡柏年补录一行。

大江東去
浪淘盡
千古英雄
人物好墨
西邊人
道是三國
周郎赤壁
亂石穿空
驚濤拍岸
捲起千堆
江山如畫
一時多少
豪傑

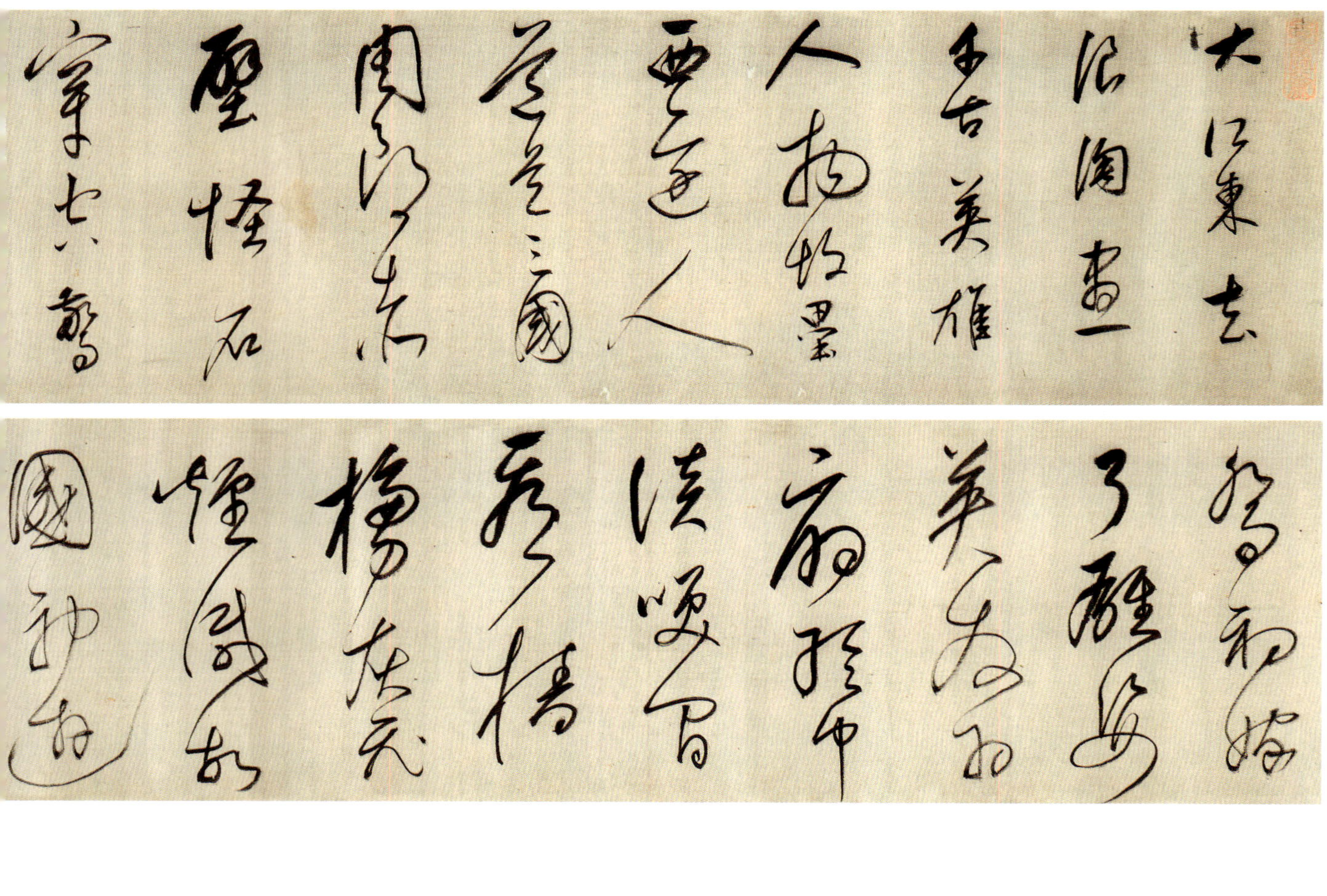

濤拍岸捲起千堆雪江山如畫一時多少豪傑遙想公瑾當年小

多情應笑我早生華髮人生如夢一尊還酹江月

其昌

翰林諸公還簽作孝堪書屬諸公已匡子監同僚屬十八人寄祖

帳、發瀚亭午抵發、過蘆溝橋渡桑乾水、別門人劉元章貞

士、時晚次良鄉縣、山谷同日行、先至、金陵詩、金懷落心、示至、

二十日過琉璃河古磴水、晚次涿州、渡涿水、[redacted]二十一

日午過北新城、二十二過、行邸、謁、慈壽宮、[redacted]發北新城、十日里

閱槃、後過綱紀之僕、滾心前發、過騎謾謁、二十二日早過白溝水、過黃港

都諫以十月望日發廣州、家人至、得猶子路淮兒子

路涉來過、家累消息、晚次雄縣、二十三日發、過行二十里

積雪照耀、渡中烟樹、[redacted]如畫、雞、漢末、易京、燕

南陲、過北際中央不合大小碌、至今、二十四日、首如州大霧、北解、晚次

縣亦鄧、劉諫、[redacted]倫、館、李氏、東園、葉

南巡志

康熙二十三年十月十九日辛亥

上東巡狩祭岱宗謁 先師闕里 先期布告中外遣官祭五嶽

鎮四海瀆之神禮官列名上請十一月初五日丙寅得 旨遣戶部侍郎鄂

爾多、祭告嵩山及北海淮濟二瀆、工部侍郎金汝祥、衡山、內閣學士兼

禮部侍郎牛鈕、華山及西鎮、吳嶽、江瀆、內閣學士兼禮部侍郎范承勳、

長白山及北鎮醫巫閭、通政使司通政使王守才、恒山及中鎮霍太山、

西海、河瀆、提督四譯館太常寺少卿王日藻、東鎮沂山及東海、兵部督捕

左理事官鄭重、南鎮會稽山、余以詹事府少詹事兼翰林院侍講學士往祭南海

十三日甲戌禮部頒領香帛祭文、十七日己酉陛辭中書舍人啓沃不能啓程

以家累東歸、十九日庚辰發京師、慈谿姜宸英西溟、門人盛符升

及循廊觀殿碑、祝請碑、猗虛[illegible]下、從寶中[illegible]譯奉詔撰碑

慕吉文字[illegible]宮、乾符[illegible]、慶元、慶[illegible]碑、[illegible]元明碑周[illegible]碑

[illegible]碑[illegible]塔下有波羅蜜樹二已枯死九十

傳令璞[illegible]重樓[illegible]遲[illegible]寂宴海光寺、列不統花、初開照[illegible]

映初照[illegible]殿江可愛[illegible]宴果[illegible]登滘[illegible]在寺外面偏小山下俯海[illegible]砂

謂扶胥之口黃木之灣[illegible]東南望見虎門雲濤[illegible]決

濤[illegible]際[illegible]東南[illegible]現[illegible]亭有蘇長公詩碣[illegible]石[illegible]廊旋[illegible]

風帆順便千渡抵廣州府、韓[illegible]忠祿南海神次前在北壁西、三神[illegible]伯

[illegible]上[illegible]祝[illegible]海[illegible]說木太[illegible]金[illegible]張必有[illegible]

[illegible]

[illegible]碑[illegible]聖天子懷柔百神、[illegible]被幽[illegible]而[illegible]孰[illegible]適[illegible]

是順治十四年[illegible]遣[illegible]太常少卿[illegible]孫[illegible]廣[illegible]遣[illegible]祭[illegible]三[illegible]部

椓下以[illegible]言提[illegible]以[illegible]霧穀以水瀉[illegible]十里[illegible]

[illegible]君恩[illegible]得[illegible]出峽山[illegible]江平[illegible]風過清遠縣[illegible]十五里阻[illegible]淺又五里[illegible]

泊、波江口，初六日[illegible]黃[illegible]

[illegible]過[illegible]江[illegible]流[illegible]山[illegible]遠[illegible]

[illegible]晚次三水[illegible]水[illegible]江[illegible]波水[illegible]

縣之肆江以達南海之潮，東自佛山，西自新會，來上[illegible]者[illegible]止，初七日[illegible]會于

[illegible]過小塘[illegible]枝南[illegible]山，有七十二峰[illegible]

風使潮[illegible]過[illegible]沙之侯[illegible]至甚遲，晡後[illegible]夜次佛山，初八日

丈名所以自號，今過[illegible]不禁[illegible]潛[illegible]

[illegible]過珠江[illegible]珠[illegible]次五羊門，鎮守將軍延移都御

[illegible]下諸文武將[illegible]拜[illegible]詣[illegible]院，初九日[illegible]行[illegible]

[illegible]三江下石門[illegible]東[illegible]西[illegible]達于[illegible]由珠江

[illegible]會于扶胥[illegible]口[illegible]初十日[illegible]

[illegible]廣南[illegible]副使[illegible]廣州府[illegible]

3.11

御史洛陽董公篤行禮部侍郎通州楊公正中至是凡四遣云

宣統元年五月二十八日山陰胡柏年補錄二十四字

○四 清 张穆、王筠跋 虢季子白盘拓本

纸本 水墨

纵 149.5 厘米 横 50.8 厘米

题跋：略。

钤印：殷斋居士（朱）、石州（朱）、张穆印信（白）、石州审定（朱）、殷斋金石书画之印（朱）、贯山（朱）、筠（白）

题签：张石州释伯敦盘文。

虢季子白盘是西周青铜水器，清道光年间出土于陕西宝鸡，现藏中国国家博物馆，为镇馆之宝。虢季子白盘长137.2 厘米，宽86.5 厘米，高39.5 厘米，重215.3 千克。盘内铭文共111 字，记述了虢季子白在洛河北岸大胜猃狁、活捉俘虏，并受到周宣王表彰，被赏赐马匹、斧钺、彤弓、彤矢的经过。铭文的字体典雅端庄，文辞优美简练，具有很高的史学、文学和艺术价值。

我馆所藏此幅拓本的年代很早，拓制时间不晚于道光二十二年（1842）。其字口清晰，墨色亦佳，当为出土后不久精心拓制而成，并先后经张穆、王筠题跋考释，是难能可贵的精品。

张穆（1805—1849），初名瀛暹，字石舟、穆之，亦字石州，号殷斋，山西平定人，清代地理学家、诗人和书法家。道光十一年（1831）拔贡生，候选知县，后因被诬告破坏考规，遂绝意仕途，专心于治学著述，精通训诂、天文、历算。富藏书，编纂有《张石洲所藏书籍总目》，著录藏书一千余种。所撰《蒙古游牧记》《俄罗斯事补辑》等书考据精准详实，为中国近代历史地理研究中极具影响力的著作。

王筠（1784 －1854），字贯山，号箓友，山东安丘县人，清代语言学家、文字学家。道光元年（1821）举人，后授山西乡宁知县，代理徐沟、曲沃知县等职。喜研究说文之学，精通篆文，《清史稿》载“筠治《说文》之学，垂三十年。其独辟门径，折衷一是，不依傍人，论者以为许氏之功臣，段、桂之劲敌。”著有《说文释例》《文字蒙求》《说文句读》《说文韵谱校》等。

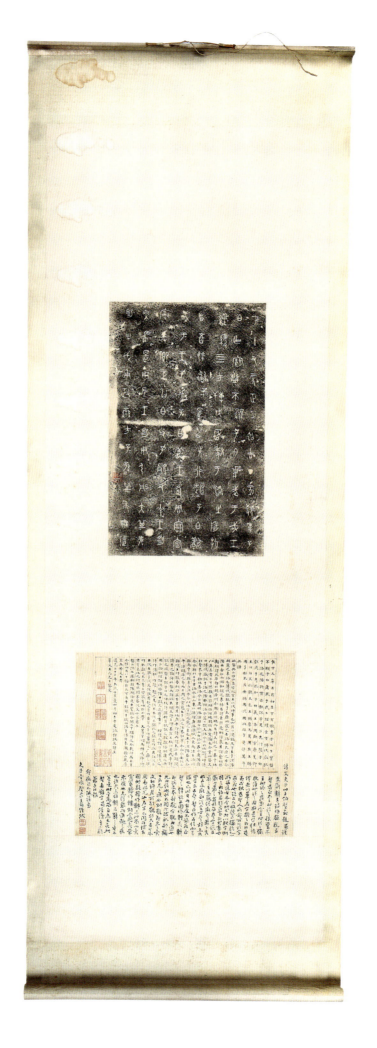

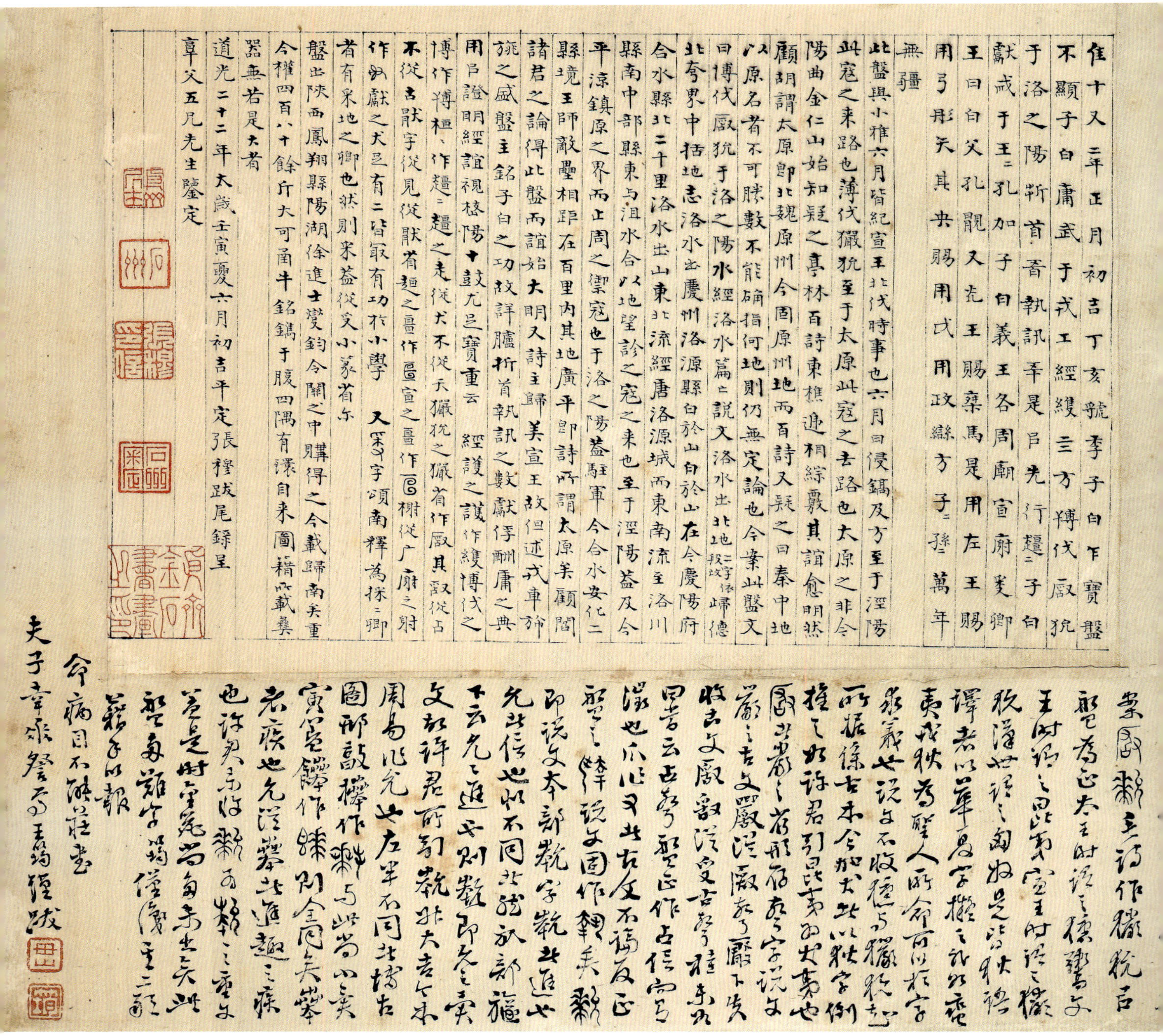
隹十又二年正月初吉丁亥虢季子白乍寶盤
不顯子白庸武于戎工經維三方搏伐玁狁
于洛之陽折首五百執訊五十是以先行桓桓子白
獻馘于王王孔加子白義王各周廟宣榭爰鄉
王曰白父孔顯又光王賜乘馬是用左王賜
用弓彤矢其央賜用戉用政蠻方子子孫孫萬年
無疆
此盤與小雅六月皆紀宣王北伐時事也六月曰侵鎬及方至于涇陽
此寇之來路也薄伐玁狁至于太原此寇之去路也太原之非今
陽曲金仁山始知疑之亭林百詩東樵遞相綜覈其誼愈明然
顧胡謂太原即北魏原州今固原州地而百詩又疑之曰秦中地
以原名者不可勝數不能碻指何地則仍無定論也今案此盤文
曰搏伐玁狁于洛之陽水經洛水篇云說文洛水出北地歸德
北夸界中括地志洛水出慶州洛源縣白於山白於山在今慶陽府
合水縣北二十里洛水出山東北流經唐洛源城而東南流至洛川
縣南中部縣東與沮水合以地望診之寇之來也至于涇陽蓋及今
平涼鎮原之界而止周之禦寇也于洛之陽蓋駐軍今合水安化二
縣境王師敵壘相距在百里內其地廣平即詩所謂太原案顧閻
諸君之論得此盤而誼始大明又詩主歸美宣王故但述戎車旂
旐之盛盤主銘子白之功故詳臚折首執訊之數獻俘酬庸之典
用足證明經誼視棫陽十鼓尤足寶重云 經護之護作維搏伐之
搏作搏桓桓作趄趄趄之走從犬不從夭玁狁之玁省作厭其敢從古
不從古獻字從見從獻省趄之盤作亘宣之盤作囧榭從广廟之射
作射獻之犬旦有二皆取有功於小學 又案字頌南釋為搽搽鄉
者有采地之鄉也然則采蓋從父小篆省爾
盤出陝西鳳翔縣陽湖徐進士燮鈞今關之中購得之今載歸南矣重
今權四百八十餘斤大可函牛銘鐫于腹四隅有環自來圖籍所載彝
器無若是大者
道光二十二年太歲壬寅夏六月初吉平定張穆跋尾錄呈
章父五兄先生鑒定

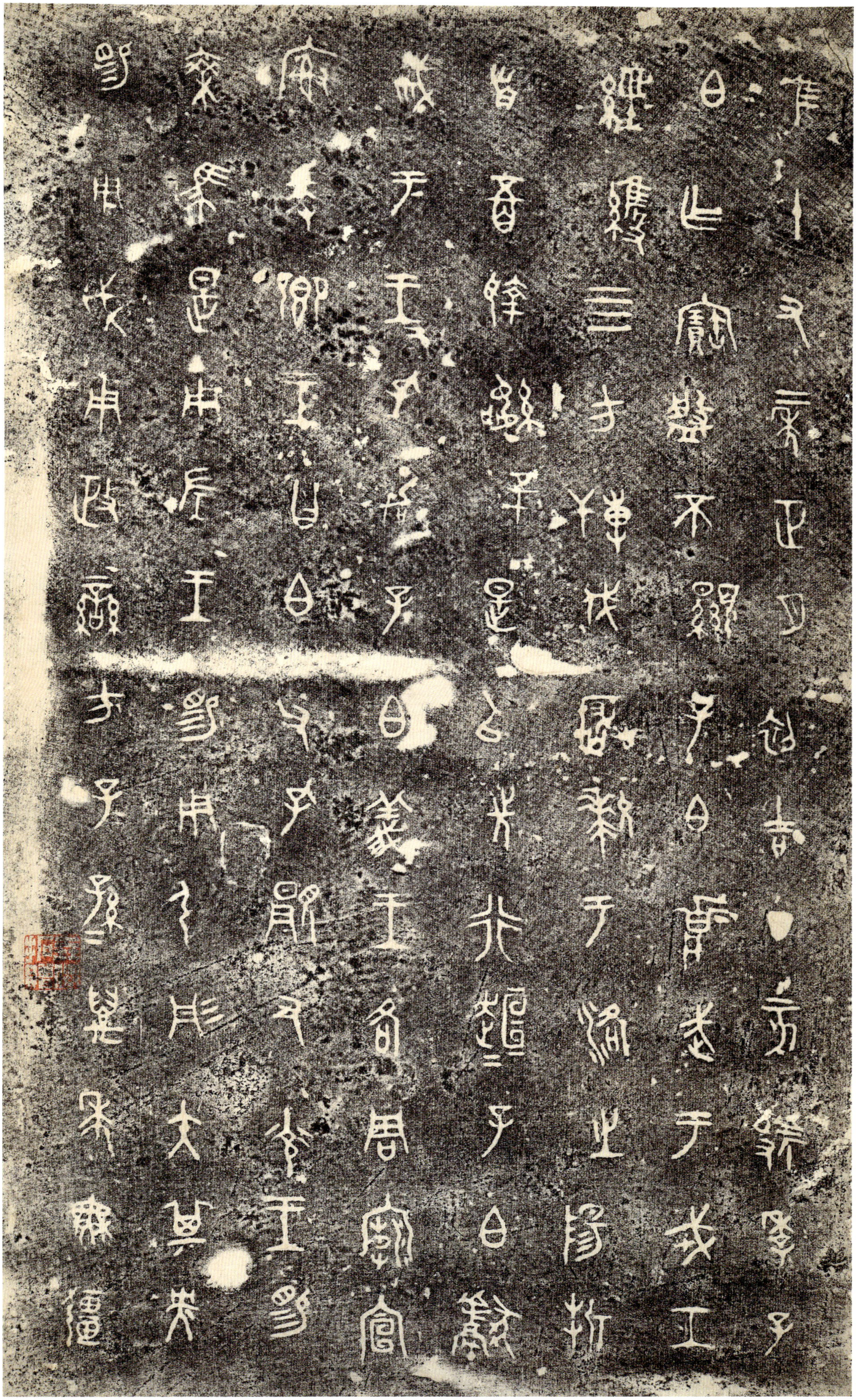

〇五　近代 罗振玉跋 北宋汴学二体石经拓本（共三册）

纸本 水墨

纵 33.5 厘米，横 20.4 厘米

题跋：略。

钤印：蒋氏金石（白）、流传在蒋石香处（白）、石芗过眼（白）、石莲闇拓（白）、中懌（朱）、惠祖斋（朱）、刘铨福（白）、刘铨福印（白）、大兴刘铨福家世守印（白）、刘铨福印长寿年宜子孙（白）、罗振玉（白）、叔言（朱）等

题签：1. 宋二体石经残石旧拓本。

2. 宋二体石经残石。

3. 宋二体石经残石。惠祖斋旧藏本。（罗振玉题）

《宋二体石经》又称《汴学石经》《嘉祐石经》，置于北宋首都汴梁，由篆书、楷书两种字体组成，逐字对应，文字严谨整饬。石经自北宋庆历元年(1041) 开始刊刻，至嘉祐六年(1061) 落成，内容包含了《周易》《诗经》《尚书》《周礼》《礼记》《春秋》《孝经》《论语》《孟子》九部儒家经典，由当时的书家赵克继、杨南仲、张次立、胡恢等人书写。据传，此石经在宋末已遭损毁，拓本十分罕见，清儒顾炎武、万斯同、朱彝尊、杭世骏虽尝论及，但都未曾亲见。后世亦曾先后有少量残石出土，但稀如星凤。现今存世拓本中，以北京图书馆的丁晏旧藏宋元拓为最善本。

此拓本为近代罗振玉旧藏，此前亦经刘铨福、蒋石香、吴重熹递藏，后由罗继祖捐赠吉林大学。

罗振玉（1866—1940），字式如、叔蕴、叔言，号雪堂，晚号贞松老人、松翁，浙江上虞（今浙江省绍兴市）人，近代金石学家、古文字学家、书法家。清末曾任学部二等谘议官、京师大学堂农科监督等职，辛亥革命后旅居日本，从事学术研究。民国八年（1919）春归国，后奉溥仪召，入值南书房检理宫中所藏古器物。罗振玉一生著作达百余种，在敦煌学与甲骨文研究上成就最为显著，与王国维、郭沫若、董作宾并称“甲骨四堂”。其代表作有《殷墟书契》《敦煌石室遗书》《三代吉金文存》等。

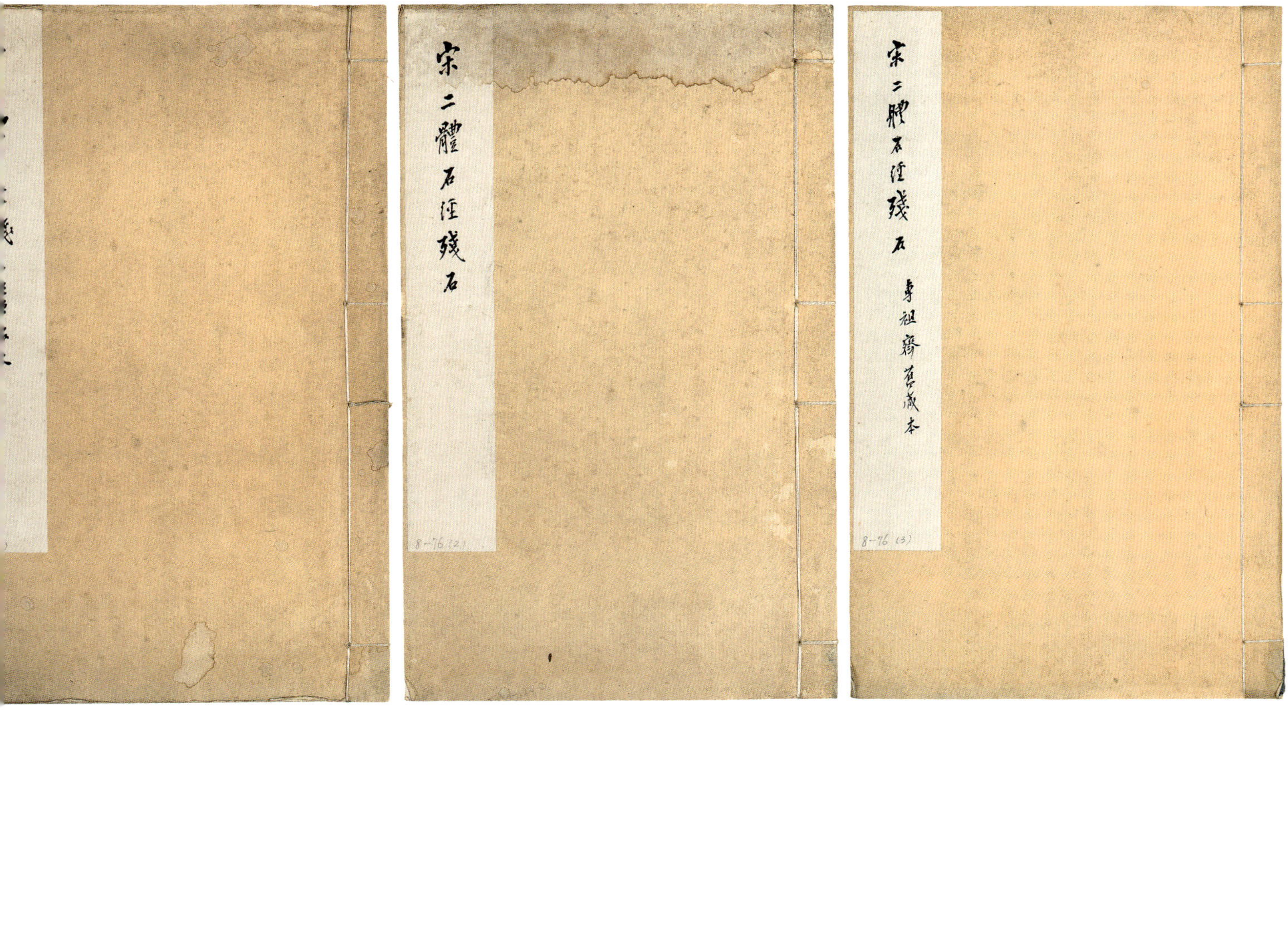
宋二體石經殘石
8-76(2)
宋二體石經殘石
專祖齋舊藏本
8-76(3)

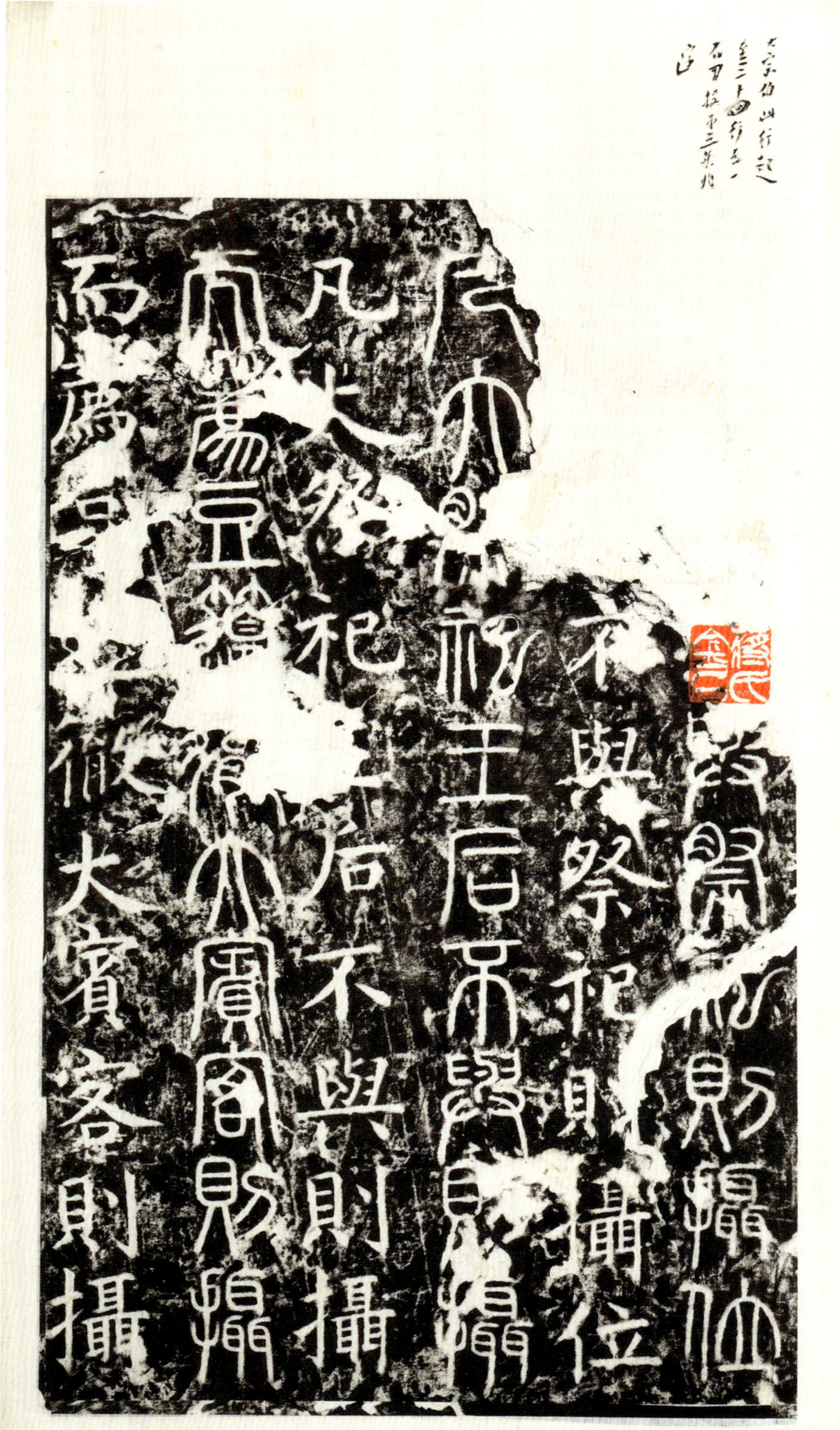

5.1.1

肆師廿行起至
三十行為一石

牲繫于牢須于職人凡祭

牲繫于牢須于職人凡祭

祀之卜日宿為期詔相其

祀之卜日宿為期詔相其

禮眡滌濯亦如之祭之日

禮眡滌濯亦如之祭

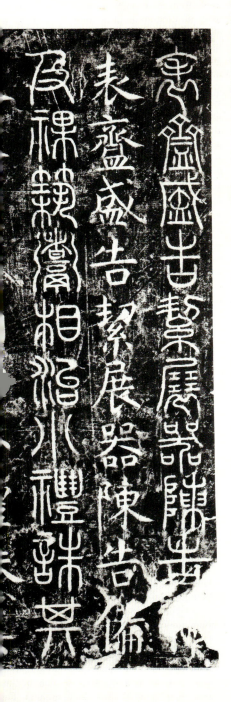

表齍盛告絜展器陳告備

表齍盛告絜展器陳告備

及祼築鬻相治小禮誅其

5.1.4

「典命此節起
至二十四行為
一石據上吳瑞
供春文」

典命掌諸侯之五儀諸臣

典命掌諸侯之五儀諸臣

之五等之命上公九命為

之五等之命上公九命為

伯其國家宮室車旗衣服

伯其國家宮室車旗衣服

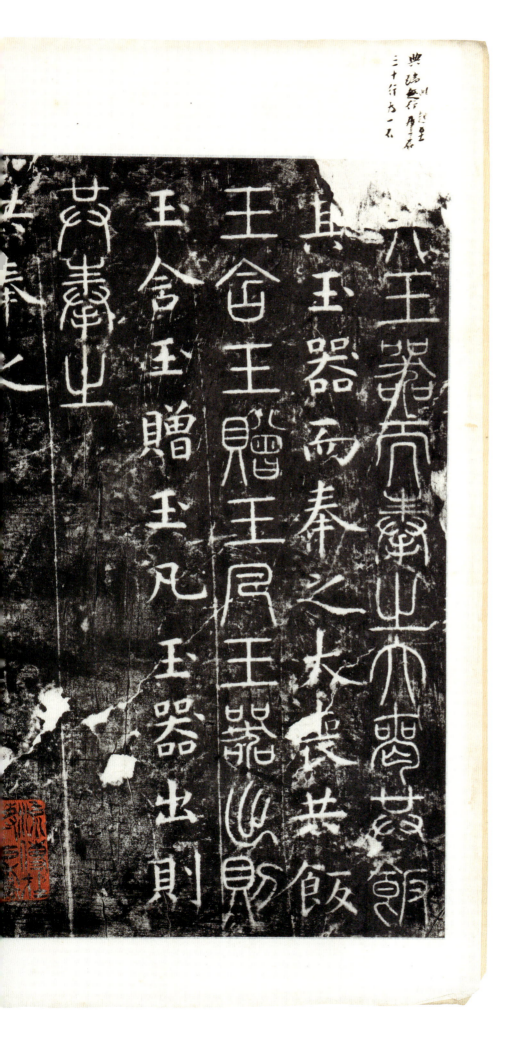

典瑞衍行此重刻
三十行為一石

凡王器而奉之大喪共飯

其玉器而奉之大喪共飯

玉含玉贈玉尺玉器以則

玉含玉贈玉凡玉器出則

共奉之

周禮卷第六

周禮卷第六

春官宗伯

春官宗伯

大司樂掌成均之灋以治

大司樂掌成均之灋以治

卷廿大至卷廿六
共三十行為一石

所其職也
上篇之事
所共職喪令
取其事
周禮卷三
周禮春官第五
二十二

石蘧過眼

嘗祼用□彝□□有舟

享祼用虎彝蜼彝皆有舟

其薦踐用兩大尊其再獻

其朝踐用兩大尊其再獻

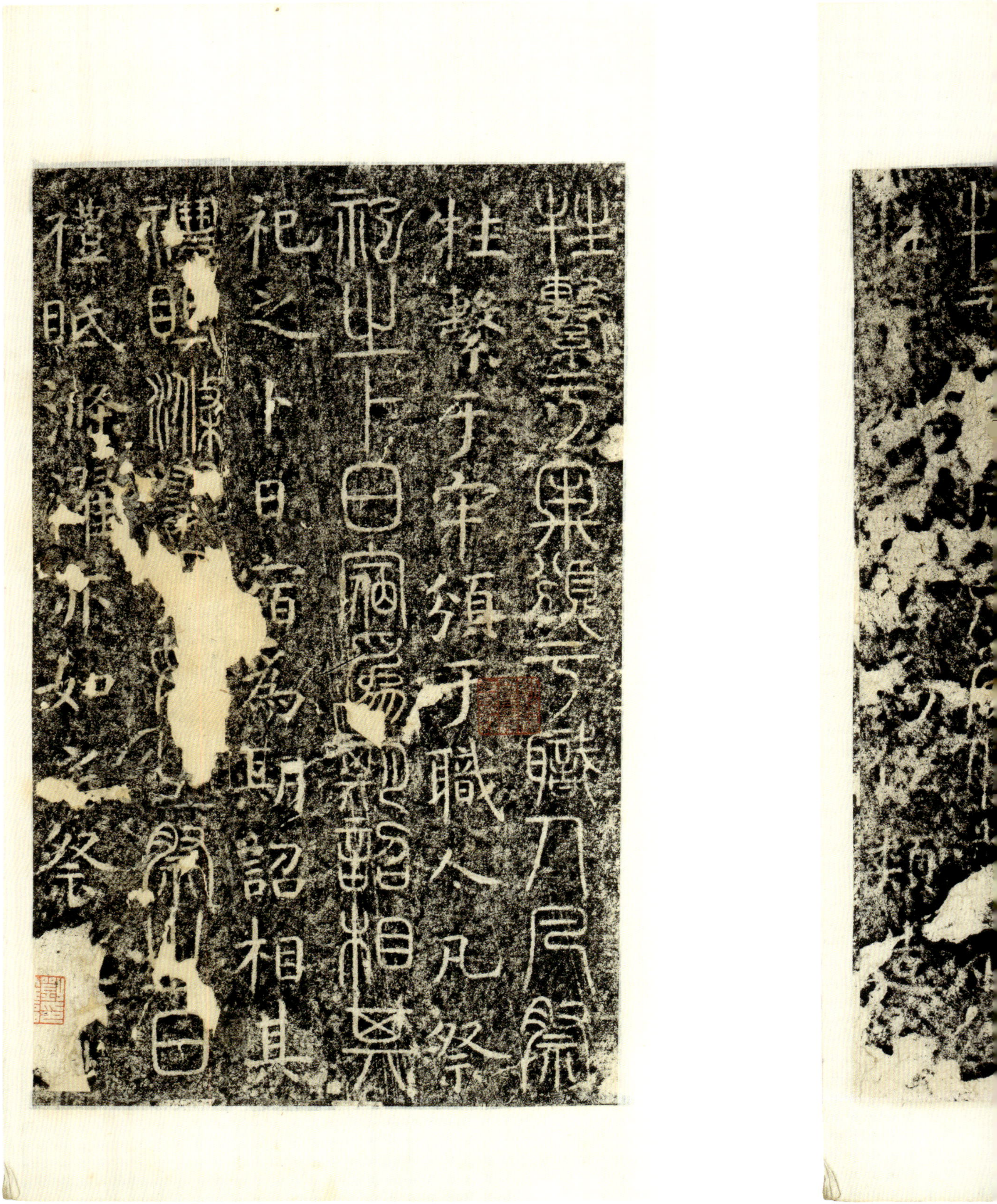

5.3.1

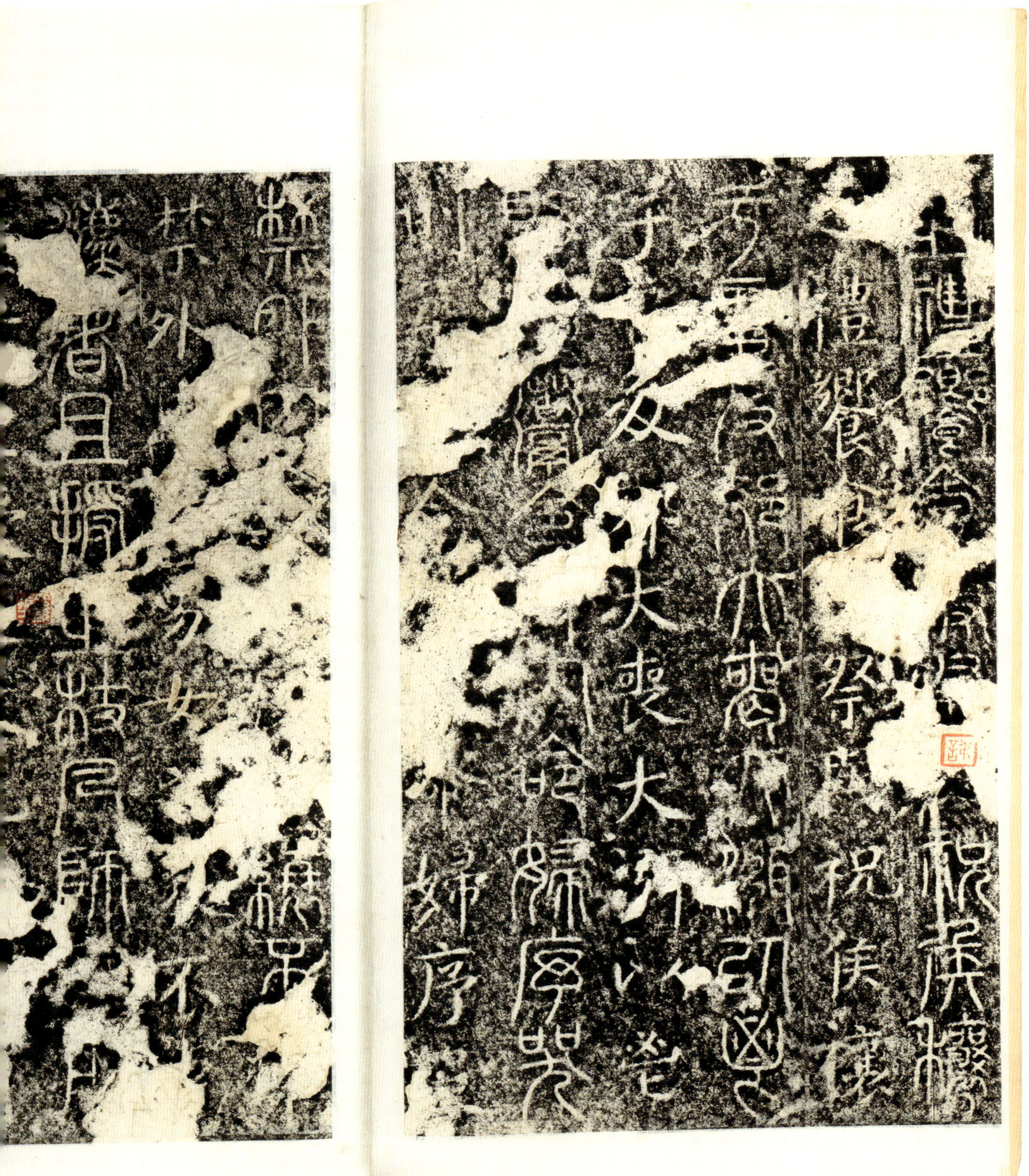

5.3.3

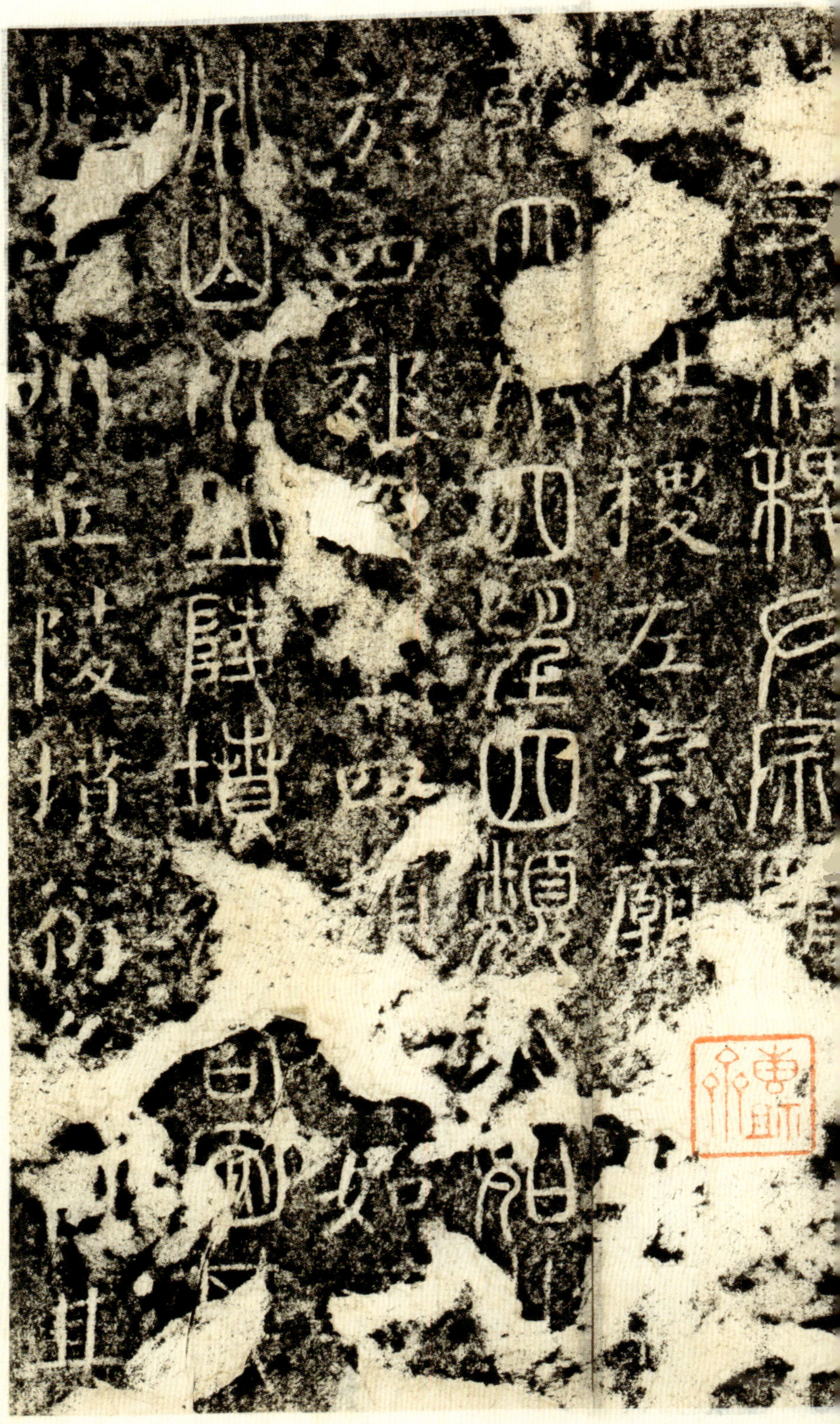

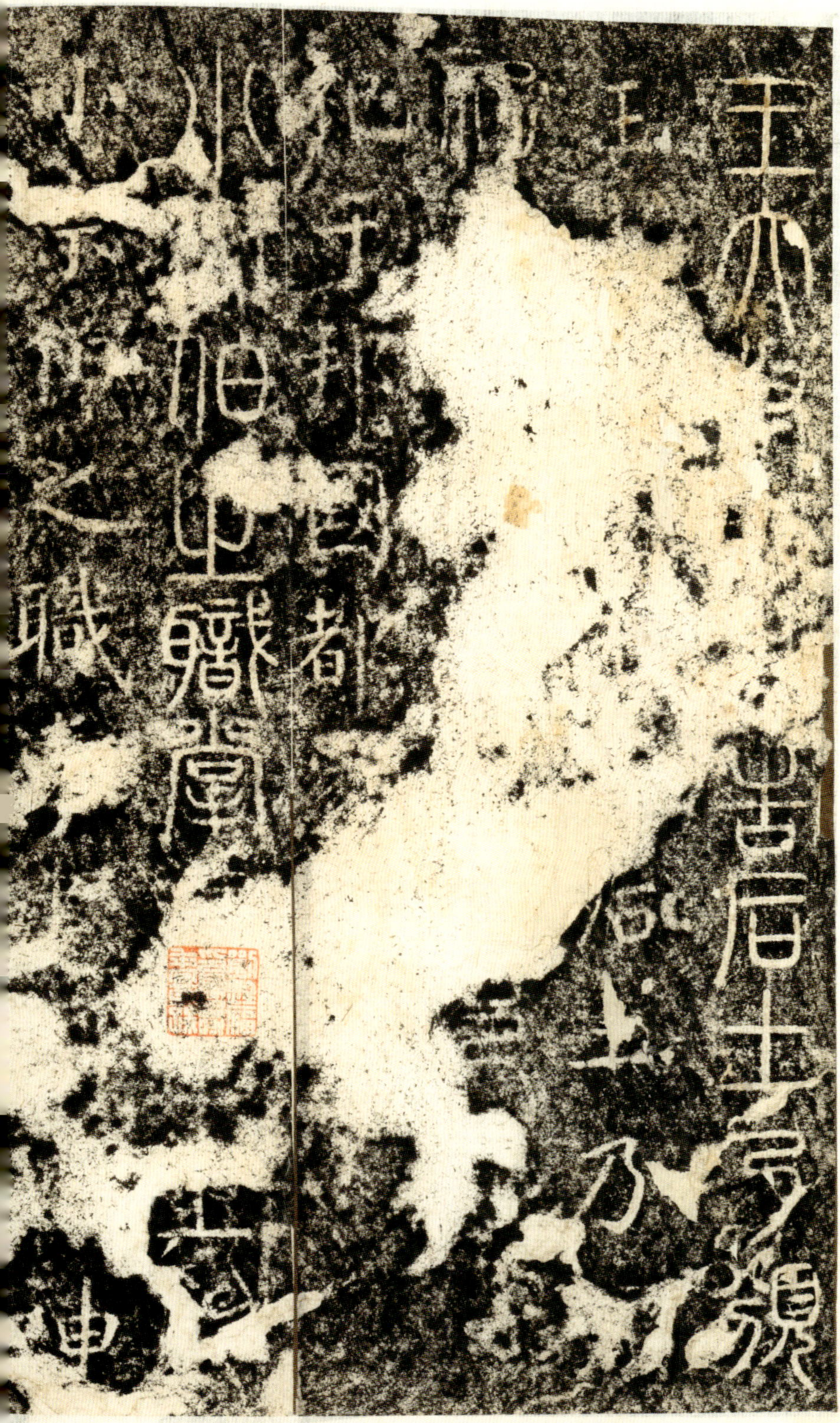

5.3.15

○六　近代 罗振玉跋 北宋“崇宁四年”投龙玉简拓本

纸本 水墨

纵 53.4 厘米 横 19 厘米

题跋：宋徽宗投龙简。福山王氏藏，以白玉石制之。己未冬商遗罗振玉署。

钤印：罗振玉印（白），上虞永丰乡人罗振玉字叔言亦字商遗（白）

题签：宋崇宁四年投龙玉简。（罗振玉题）

“投龙”是道教中的一种祭祀仪式，在中国古代常为信奉道教的帝王采用，意在祈求国运昌盛、风调雨顺或消除灾祸。在“投龙”仪式的最后阶段，会将书写告神文字的简牍和金龙、玉璧等礼器同时投放进祈福场所。简牍分为山简、土简、水简三种：山简通常封投于山岳、悬崖中，以奏告天官上元；土简多埋于地下，以告盟地官中元；水简则投于灵泉、湖泊中，以告盟水官下元。简牍的材质则有玉简、石简、金简等，在传世品及考古发掘中各有发现。

“崇宁四年”投龙玉简为宋徽宗赵佶在公元1105 年的“投龙”仪式中所使用，是一枚投入水中的“水简”。原件为青玉材质，一面光素无纹，另一面竖刻七行楷书，并填以朱砂。近代曾经罗振玉收藏，现藏于中国国家博物馆。

此拓本为罗振玉自藏，后由罗继祖捐赠吉林大学。

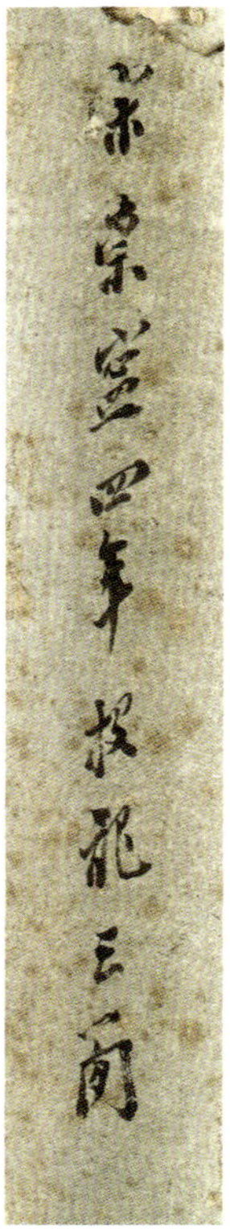

宋徽宗投龍簡

福山王氏藏山白玉石製之

己未冬商遺羅振玉署

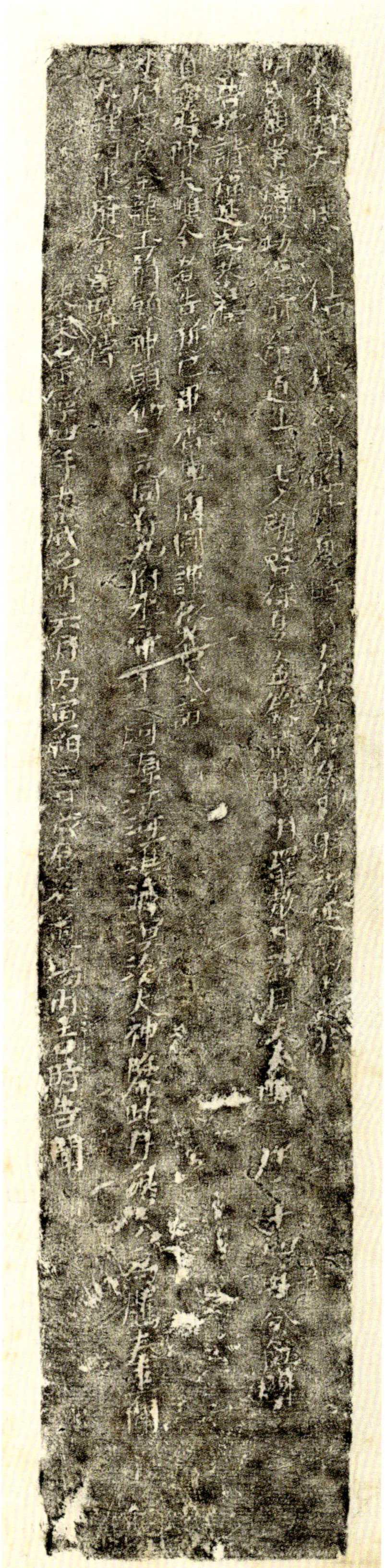

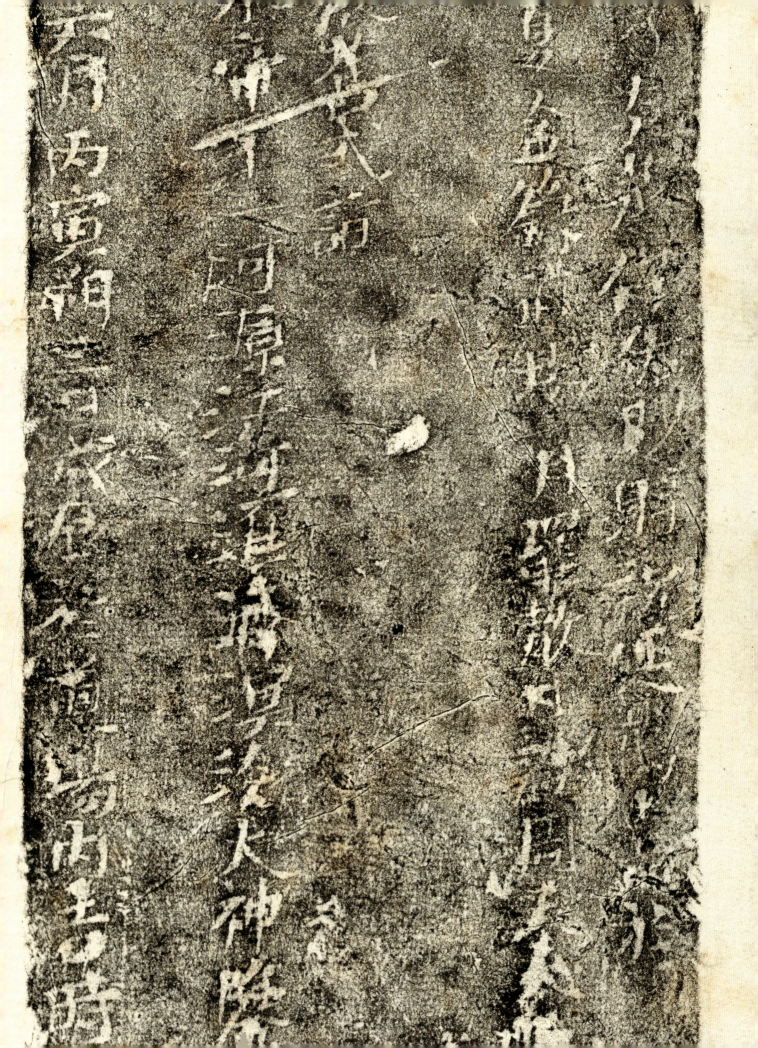

[illegible]人[illegible]年[illegible]月日[illegible]時[illegible]

自魚[illegible]年[illegible]月[illegible]

[illegible]戌請

[illegible]帝[illegible]四[illegible]亭[illegible]淮[illegible]夫人神降

[illegible]月丙寅朔三日戊[illegible]内主時

〇七　近代 孙壮跋 新莽权衡拓本

纸本 水墨

纵 172.7 厘米 横 87 厘米

题跋： 新莽权衡墨本。复堪社长兄命题，己卯大暑商逸孙壮。（左侧题跋略）

钤印： 孙壮之印（白）、孙伯恒藏金石墨本（白）、壮（朱）、伯恒（白）、贺监同乡（白）、孙壮印（白）

题签： 新莽权衡墨本全拓。唐牒楼鉴藏，复堪题，己卯秋八月。（罗复堪题）

新莽权衡1925 年于甘肃定西出土，共由八件组成，包括五权、一衡、一钩和一丈。这一时期的权衡尚属于等臂衡器，只能称得与砝码相等的重量。1949 年，由于部分南迁文物被运至台湾，故此套权衡中的五件（三权一钩一丈）现藏中国台北故宫博物院，其余三件（二权一衡）现藏中国国家博物馆。

目前，新莽权衡存世极少。除此件外，仅近年山东邹城郏国故城遗址发掘出土一套，但缺少钩、丈等件。如此完整者为海内所仅见，民国时期之完整拓本亦弥足珍贵。我馆所藏此本，经近代孙壮与罗复堪题跋、收藏，20 世纪50 年代由于省吾先生购于北京琉璃厂文物商店，遂入藏吉林大学至今。

孙壮（1879—1943），一说1938 年卒，字伯恒，号雪园，室名读雪斋、玉简草堂、澄秋馆、抱朴斋、埙室，直隶大兴人。清末时为国子监学生，肄业同文馆、京师大学堂。民国后任北京商务印书馆经理、中国营造学社校理等职，并为考古学社社员，交游甚广。著有《永乐大典考》《版籍丛录》《集拓魏石经》《楚器图考》《北京风土记》《俗语古注》等。

新莽權衡墨本

復堪社長兄命題
己卯大暑 甯遠孫壯

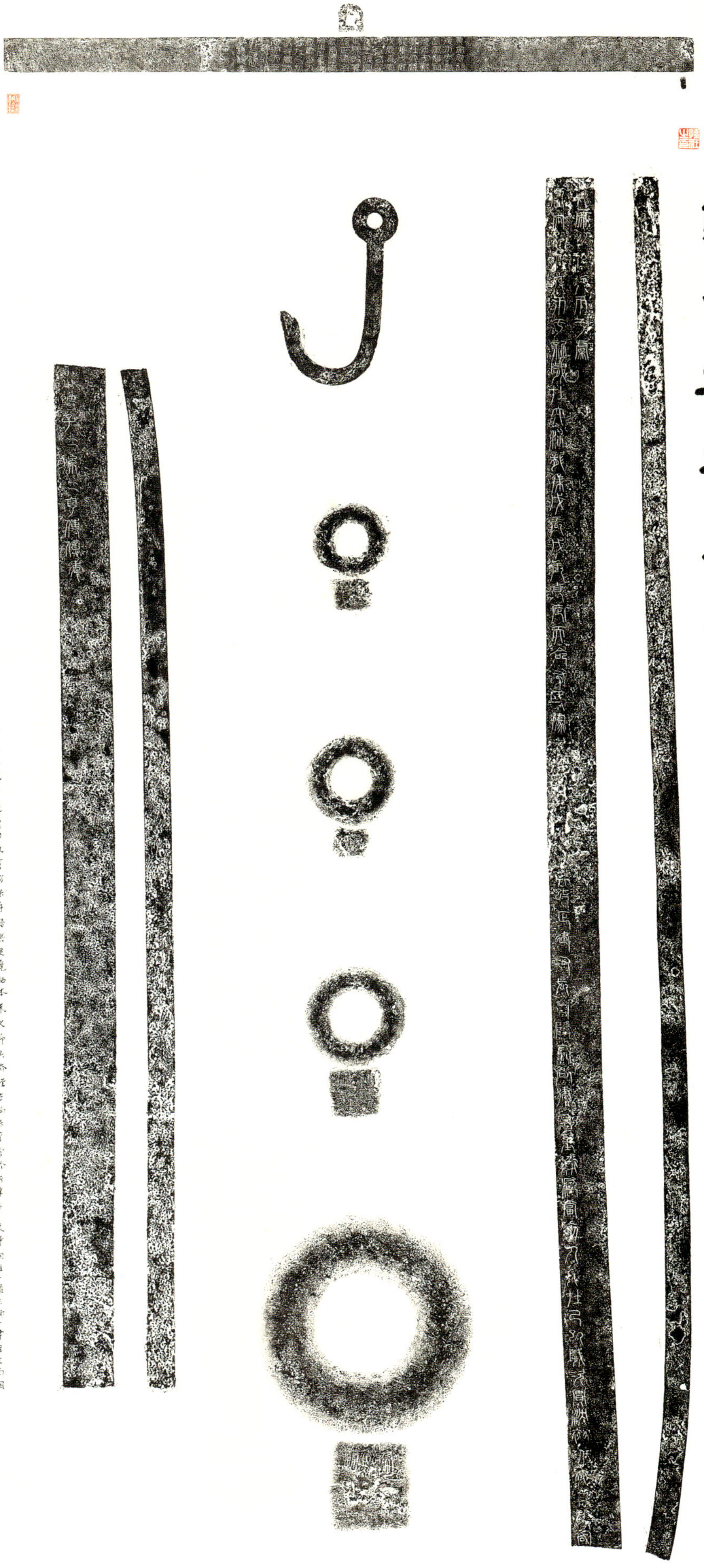

丁卯癸閏中滿定西縣秤鉤驛出土新莽時代權衡殘器數事遂歸州教育館保存惜無從覓拓本某久卿出示經古物保管會於此津壹復得銅柱一權三鈞一寸柱文尚闕
十字其上端之衡及重九斤一權先為黃古主人所得示遂為介六縣古物保管會以來無忽有人携銅柱求售案其文知為衡殺之下截十字亦極欲狂走告馬君亦幸出以
善價逐出從此延津叙合於我國文化制度關係甚鉅案若權重量以九斤當權衡之其第一齊重三斤第二則六斤第三則九斤其字既明顯第四為二鈞蘭州教育館尚存六權
前為三鈞就文鈞卅斤也蓋康回萬一千五百廿銖為鈞四鈞為石所以一天下之重輕而劉氏意也保管會曾精拓數本以贈海內同好
復堪社長得一本惜衡拓缺如予實重本前日以贈以成全璧處威喜慰謹志其梁略

己卯立秋前十日甯遠孫壯再題於香園

久歸共恭經古物保管會於析津壹獲得銅柱一樁三銅一存柱文前闕

柱求售案其文知屬蔣鐵之下截十字喜極欲狂走告馬君來予亦以

第二關六行第三鄉九行其字亦明顯第四為二銅南州教育館所存大樁

拓數本以貽海內同好

林前十日商逸孫社真題於雪園

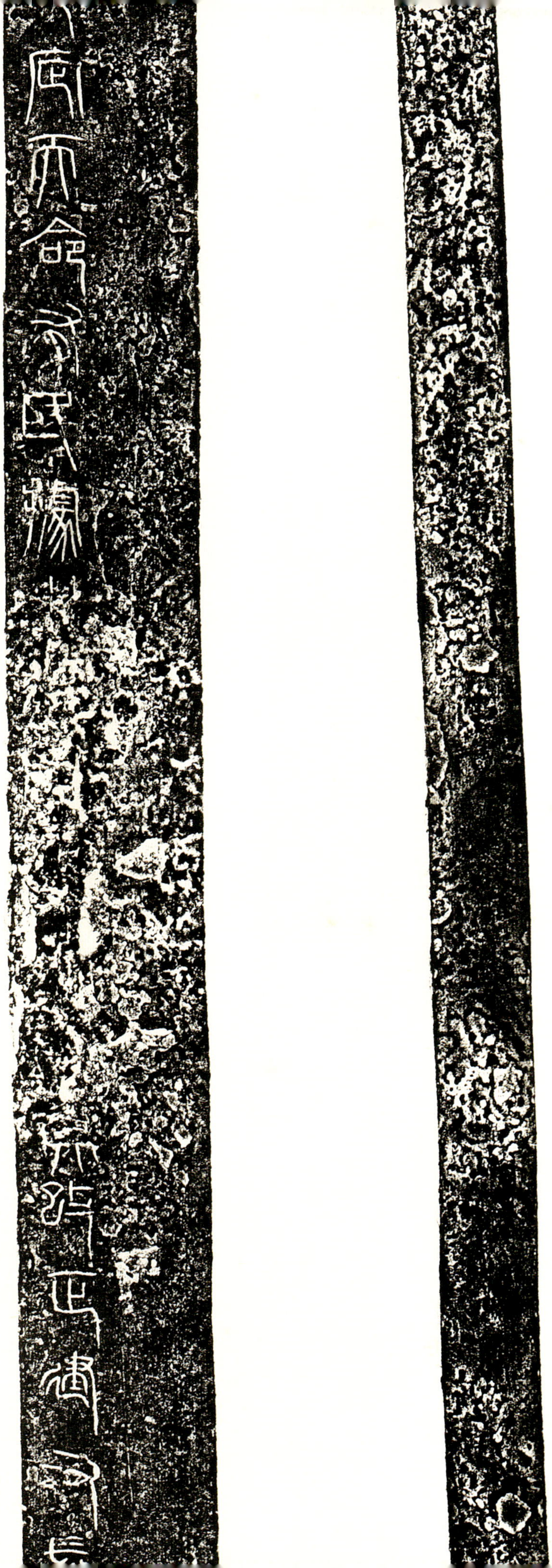

本

馥堪社長兄命題

己卯大暑

商迷孫壯

〇八　近代 柯昌泗 猗卢残石拓本

纸本 水墨

纵 68 厘米 横 67 厘米

钤印：胶西柯氏藏石（白）、柯燕舲手拓本（朱）

“猗卢残石”亦称“猗卢残碑”，为西晋时期鲜卑首领、代王猗卢之墓碑残块。世传1935 年出土于绥远城南三十里之达赖营村（今属内蒙古呼和浩特），一说出土于山西代县。1937 年秋，柯昌泗从绥远一文物商人手中购得此碑，并以题记方式载述了收购的大致经过并加以考释。柯氏云此碑“为晋表宦中臧石上品。长城以外，尚未闻出有六朝以前之石刻”。柯氏又亲拓数本持赠友人，我馆所藏钤有“胶西柯氏藏石”印鉴者即其中之一。时至今日，传世拓本已较为罕见。碑阳所存“王猗卢之碑也”六字，笔画方棱，工稳细致，书写上富于装饰性，与东汉时期的隶书相比，已表现出明显的不同；碑阴或云线刻“狩猎图”，但从拓本上已不能清晰辨识。综合而言，“猗卢残石”呈现出西晋时期拓跋鲜卑的相关历史信息，有着较为重要的学术价值。

柯昌泗（1899—1952），字燕舲，号谧斋，山东胶县（今山东胶州）人。京师大学堂总监督、《新元史》著者柯劭忞子。自国立北京大学毕业后，历任山东东临道尹、直隶省政务厅厅长、察哈尔省政府委员兼教育厅厅长等职，1949 年后任北京师范学院教授。柯氏雅好金石碑刻，收藏颇丰。著有《鲁学斋金石记》《语石异同评》《山左访碑录校补》《朔方刍议》《瓦当文录》等。

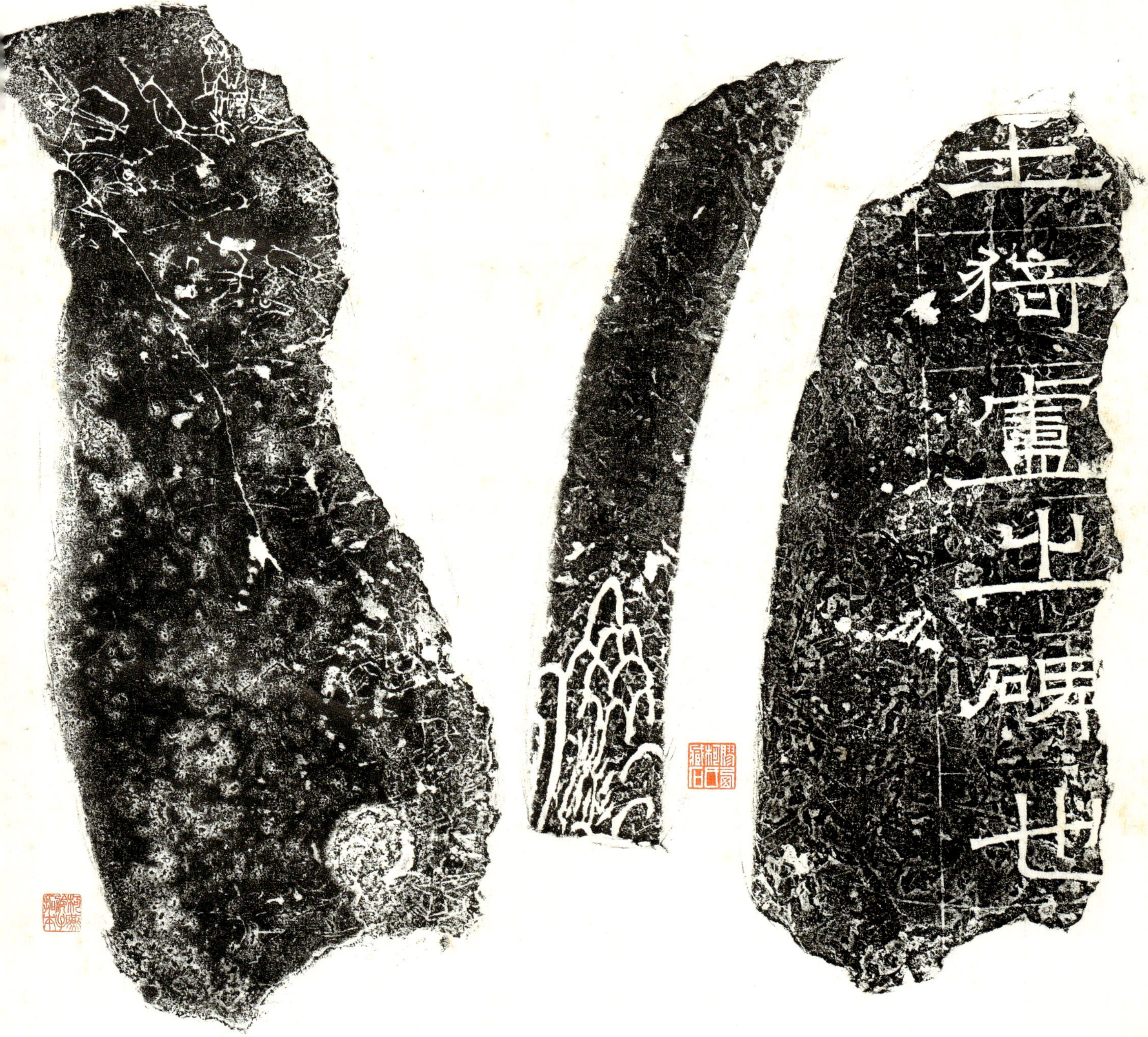
王猗盧之碑也

中 国 画

○九 明 佚名 云山观瀑图轴

绢本 设色

纵 174.5 厘米 横 109.5 厘米

题签：宋人无款云山观瀑图。泽螺居士观并题。（于省吾题）

著录：1. 中国古代书画鉴定组：《中国古代书画图目（十六）》，文物出版社，1997 年，第161 页、第366 页。

2. 杨仁恺：《中国古代书画鉴定笔记》，辽宁人民出版社，2015 年，第2862 页。

3. 傅熹年等：《傅熹年中国古代书画鉴定组工作笔记》，中华书局，2023 年，第2837 页。

二书均著录为《竹荫纳凉图》。

20 世纪50 年代，此画由于省吾先生自北京琉璃厂文物商店购得，遂入藏吉林大学。1988 年，中国古代书画鉴定组鉴定此画“学马夏、李唐，尚佳”“近戴进”，为“明前期佳作”。

一〇 明 佚名 磻溪问道图轴

绢本 设色

纵 150 厘米 横 91 厘米

钤印： 仲穆（朱）

著录： 1. 中国古代书画鉴定组：《中国古代书画图目（十六）》，文物出版社，1997 年，第161 页、第366 页。

2. 杨仁恺：《中国古代书画鉴定笔记》，辽宁人民出版社，2015 年，第2862 页。

3. 傅熹年等：《傅熹年中国古代书画鉴定组工作笔记》，中华书局，2023 年，第2837 页。

“磻溪问道”或曰“渭滨垂钓”，讲述的是周文王在外出狩猎途中与隐居渭滨的姜尚相遇，并邀其入朝辅政这一历史典故。馆藏《磻溪问道图》与现藏台北故宫博物院的戴进《渭滨垂钓图》在题材、空间布局和人物刻画上多有近似之处，后者可视为前者的底本和成画基础。不同之处主要体现在远山与季节景色上，《渭滨垂钓图》中时值春夏，草木蓊郁，《磻溪问道图》则更似深秋景色。

明代早期此类绘画大多无款，此画钤有“仲穆”字样朱文印鉴，当是后世托名元代赵雍所作。1988 年，中国古代书画鉴定小组将此画鉴定为“明中前期佳作”。

一一　明 蓝瑛 秋景山水图轴

绢本 设色

纵 196 厘米 横 100 厘米

款识：玉虹千尺碧嶙峋，百丈徂来泻绿云。吟就方壶瑶席句，紫霞树里散卿雯。庚辰阳月画并题，吴山农蓝瑛。

钤印：蓝瑛之印（朱）、田叔（朱）

著录：1. 中国古代书画鉴定组：《中国古代书画图目（十六）》，文物出版社，1997 年，第366 页。

2. 杨仁恺：《中国古代书画鉴定笔记》，辽宁人民出版社，2015 年，第2862 页。

3. 傅熹年等：《傅熹年中国古代书画鉴定组工作笔记》，中华书局，2023 年，第2837 页。

蓝瑛（1585—1664），一说卒于1666 年，字田叔，号蜨叟，晚号石头陀，又号东郭老农，钱塘（今浙江杭州）人，明代画家，"武林派"领袖。性喜山水，好游历，一生以绘画为职业，擅画山水，兼工花鸟、人物，初年笔墨秀润，晚年趋于苍劲，老而弥工。清张庚《国朝画征录》云："画之有浙派，始自戴进，至蓝为极。" 清沈宗骞《芥舟学画编》有论："蓝瑛倡为武林派。"蓝瑛的山水画打破了"南北宗"的界限，融会各家之法而自成风范，虽然画史上称之为"后浙派"，实与"浙派"有明显的风格差异。

此画作于明崇祯十三年（1640），作者时年五十六岁。

玉虹千尺翠崚嶒
嵋百丈徂来
瀑練雲峰統方壺
羅幕句此
震何桓樹雲
庚辰清月重九
吳興某筆

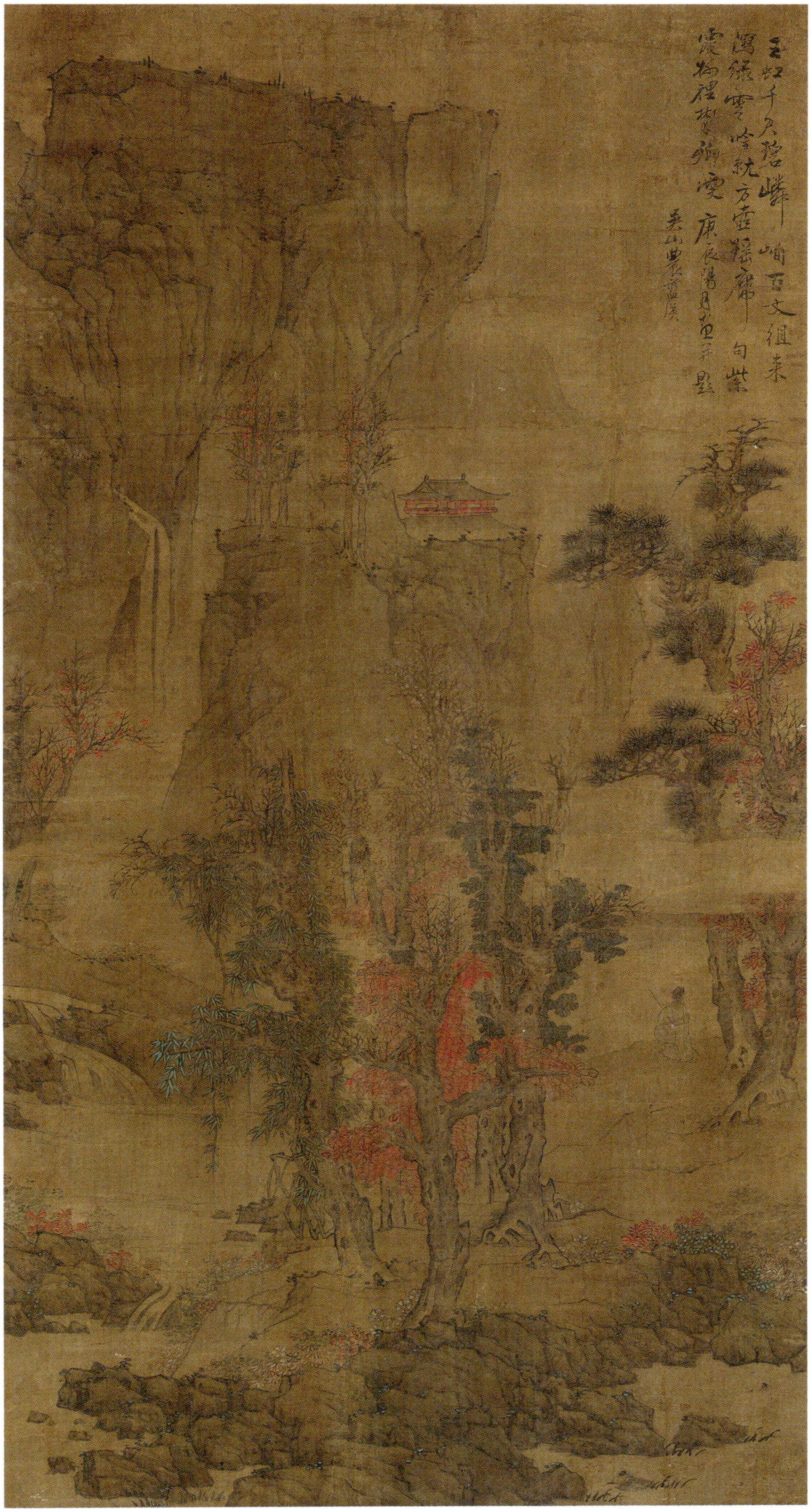

一二　明 佚名 江山楼阁图卷

绢本 设色

纵 32 厘米 横 304.5 厘米

款识： 千里伯驹。

钤印： 千里（朱）

鉴藏印： 沈度（朱）、文嘉（白）、子京父印（朱）、墨林秘玩（朱）、项墨林鉴赏章（白）、墨林之印（朱白相间）、陈氏雨泉（朱）、晋府书香之印（朱）

著录： 1. 杨仁恺：《中国古代书画鉴定笔记》，辽宁人民出版社，2015 年，第2863 页。

2. 傅熹年等：《傅熹年中国古代书画鉴定组工作笔记》，中华书局，2023 年，第2838 页。

此画托名宋代赵伯驹所作，实为明代“苏州片”仿品。

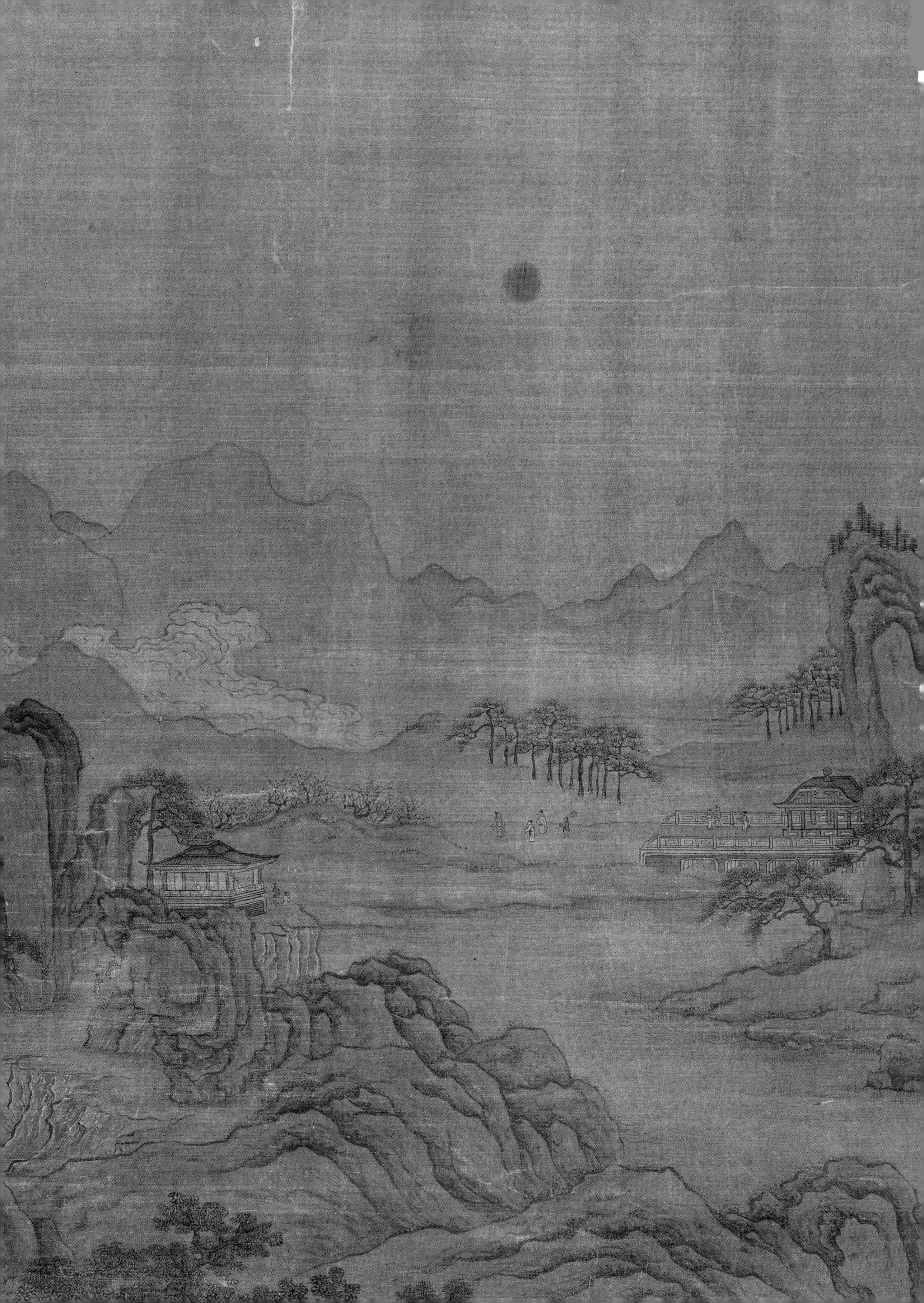

一三　明 马守真 竹石图卷

绢本 水墨

纵 15 厘米 横 163 厘米

款识：壬寅夏日吴门舟次为彦文兄写。湘兰马守真。

钤印：月娇（朱）、守真玄玄子（朱）、湘兰（白）

鉴藏印：汪氏古香楼藏（朱）、汪氏柯庭秘玩（朱）、履研斋（白）、柯廷所藏（朱）、虞山陆氏图记（白）

著录：1. 中国古代书画鉴定组：《中国古代书画图目（十六）》，文物出版社，1997 年，第161 页、第366 页。

2. 罗振玉：《宸翰楼所藏书画录·庚·画录》，《罗振玉学术论著集》第七集《雪堂藏古器物目录（外五种）》，上海古籍出版社，2013 年，第497 页。

3. 杨仁恺：《中国古代书画鉴定笔记》，辽宁人民出版社，2015 年，第2863 页。

4. 傅熹年等：《傅熹年中国古代书画鉴定组工作笔记》，中华书局，2023 年，第2838 页。

此画经清代汪文柏及其后人、近代罗振玉递藏，后由罗继祖捐赠吉林大学。

马守真（1548—1604），字湘兰、月娇，小字玄儿，金陵（今江苏南京）人，明代秦淮名妓。与王稚登友善，工诗书，善兰竹，极有秀逸之趣。明姜绍书《无声诗史》谓其“兰仿赵子固，竹法管夫人，俱能袭其余韵”。

此画作于明万历三十年（1602），作者时年五十五岁。

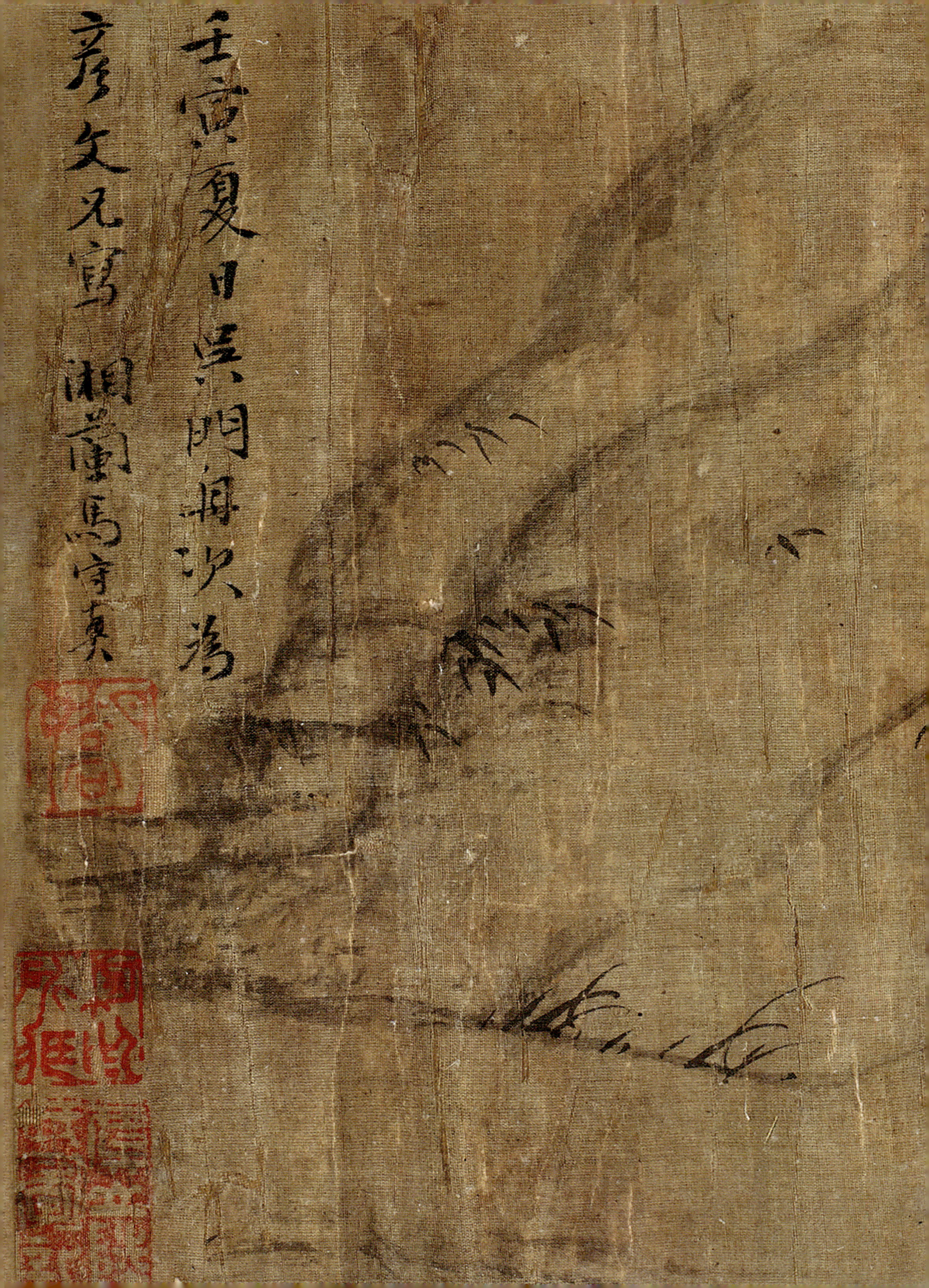
壬寅夏日吳門舟次為
彥文兄寫 湘蘭馬守真

一四　明末清初 万寿祺 三星图轴

纸本 设色

纵 191.5 厘米 横 100 厘米

款识：年少万寿祺画。

钤印：万寿祺印（白）、年少（朱）

万寿祺（1603-1652），字年少，一字介若，入清后易僧服，自号沙门慧寿、明志道人、寿道人、寿、若、若若等，徐州（今江苏徐州）人，明末清初文学家、书画家。崇祯三年（1630）举人，顺治二年（1645）在苏州附近举兵抗清，败后被执，将及于难，遇救，得脱归江北。著有《隰西草堂集》《遁诸唱和集》《墨论》《印说》等。诗文以外，兼能书画、雕刻、刺绣。画工山水、人物、花卉，传世极少。山水宗倪瓒，不喜作崇山峻岭，往往以简淡之笔，写幽秀之景。

一五　明末清初 查士标 山林逸趣图轴

纸本 设色

纵 167 厘米 横 78.8 厘米

款识： 碧筠深处缚茅庐，一榻萧疏太史居。养得鹤雏今又子，时从签架学衔书。乙巳冬仲并题为宗周道仁兄。查士标。

钤印： 二瞻（朱）、查士标印（白）

鉴藏印： 青琅馆书画印（朱）、绍霆平生珍赏（朱）

题签： 查梅壑山林逸趣图精品，绍霆题。（刘绍霆题）　鉴藏印：慎独斋记（朱）

著录： 1. 中国古代书画鉴定组：《中国古代书画图目（十六）》，文物出版社，1997 年，第160 页、第366 页。

2. 杨仁恺：《中国古代书画鉴定笔记》，辽宁人民出版社，2015 年，第2862 页。

3. 傅熹年等：《傅熹年中国古代书画鉴定组工作笔记》，中华书局，2023 年，第2837 页。

查士标（1615—1698），字二瞻，号梅壑、懒标、懒老、后乙卯生、邗上旅人等，海阳（今安徽休宁）人，后寓扬州，明末清初遗民诗人、书画家。尤以山水画成就最高，与渐江、孙逸、汪之瑞并称“新安四家”，或称“海阳四家”。清靳治荆《思旧录》云：“其书法得董宗伯神髓，画品尤能以疏散淹润之笔，发舒倪、黄意态。”《国朝画征录》评其画：“风神懒散，气韵荒寒，逸品也。”

此画作于清康熙四年（1665），作者时年五十一岁。

碧蘿深處縛荊庵一
榻蕭疎太史居著鳥雀
雛令又于時冷籤東字
鄰書　乙巳冬仲弟頫為
宗周道仁兄　李士楨

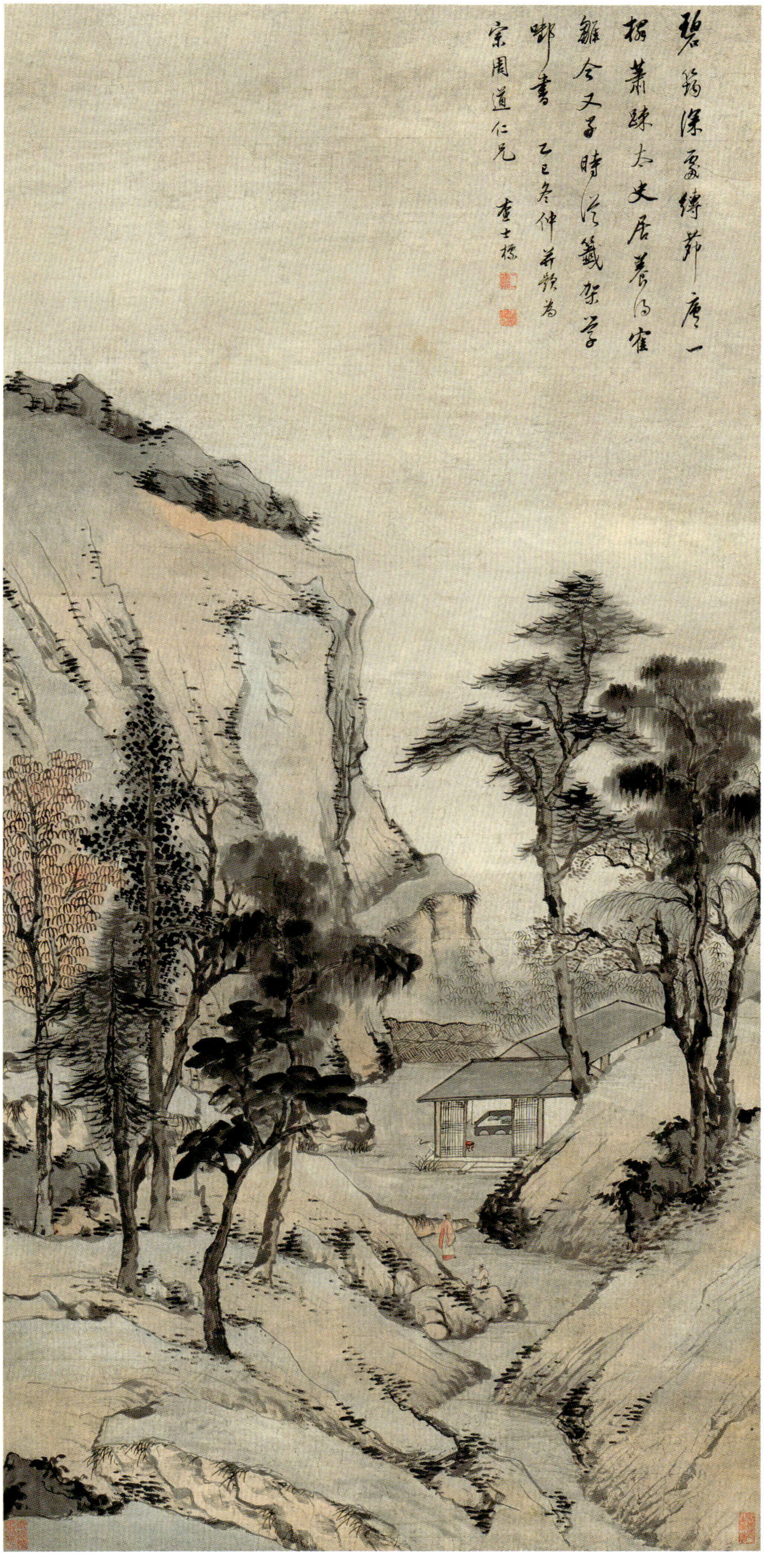

一六　明末清初 查士标 仿黄子久山水图轴

绢本 设色

纵 179 厘米 横 50.5 厘米

款识：黄子久画法，查士标拟意，时康熙己未仲秋月也。

钤印：懒老（朱）、查二瞻（朱）

题签：查士标山水条幅。戊辰冬张月波氏珍藏。

著录：1. 中国古代书画鉴定组：《中国古代书画图目（十六）》，文物出版社，1997 年，第160 页、第366 页。

2. 杨仁恺：《中国古代书画鉴定笔记》，辽宁人民出版社，2015 年，第2862 页。

3. 傅熹年等：《傅熹年中国古代书画鉴定组工作笔记》，中华书局，2023 年，第2838 页。

此画作于清康熙十八年（1679），作者时年六十五岁。

一七　清 王概 草阁云封图轴

绢本 设色

纵 132 厘米 横 49.4 厘米

款识：窗开流水飞云上，人在枫天枣地中。为爱此时人籁寂，百蛩声彻草亭东。中秋写似左黄年道翁粲政，绣水王概。

钤印：王概（朱）、安节（白）

鉴藏印：尹氏简堂家藏之章（朱）

题签：王安节先生绫本山水立帧真迹。

著录：1. 中国古代书画鉴定组：《中国古代书画图目（十六）》，文物出版社，1997 年，第160 页、第366 页。

2. 杨仁恺：《中国古代书画鉴定笔记》，辽宁人民出版社，2015 年，第2863 页。

3. 傅熹年等：《傅熹年中国古代书画鉴定组工作笔记》，中华书局，2023 年，第2838 页。

王概（1645—约1710），初名匄，一作改，亦名丐，字东郭，后改名概，字安节，秀水（今浙江嘉兴）人，寓居江宁（今江苏南京），清代画家、篆刻家。山水师法龚贤，用墨浓重，善作大幅山水及松石等，以雄壮取胜。编撰《芥子园画传》。

一八　清 张宗苍 山水图册

纸本 水墨或设色 八开
纵 24.7 厘米 横 33.6 厘米

题签： 篁村遗翰。拙存吴浩。

著录： 1. 中国古代书画鉴定组：《中国古代书画图目（十六）》，文物出版社，1997 年，第366 页。
2. 杨仁恺：《中国古代书画鉴定笔记》，辽宁人民出版社，2015 年，第2862 页。

张宗苍（1686—1756），字默存，亦作墨岑，号篁村、蔗翁、太湖渔人，晚称瘦竹，吴县（今江苏苏州）人，清代画家。乾隆十六年（1751）应召入画院供职。师承清代娄东画派的传人黄鼎，擅画山水，用笔沉着，山水皴法多以干笔积墨，林木间亦用淡墨，神气葱蔚可观。胡敬《国朝院画录》云："宗苍山水气体深厚沉着，多以皴擦笔钩取韵致，胸次高卓，一洗画院甜熟之习。"

此画册作于乾隆十三年（1748），作者时年六十三岁。

18.1

纸本 设色

款识：赵大年作画，人但知其鲜妍艳冶为能事，不知其着意古雅，花明柳暗中偏有逸致，故不可及。此幅偶写其意，亦犹无盐效颦耳。

钤印：张（朱）、宗苍（朱）

鉴藏印：长州王琴冉所得金石书画印（朱）、游侠处士（白）

18.2

纸本 设色

款识：王叔明为元四大家之首，惟有松岩仙馆图气韵苍古，非后学者所能及也。

钤印：宗苍（白）、墨岑（朱）、篁村（白）

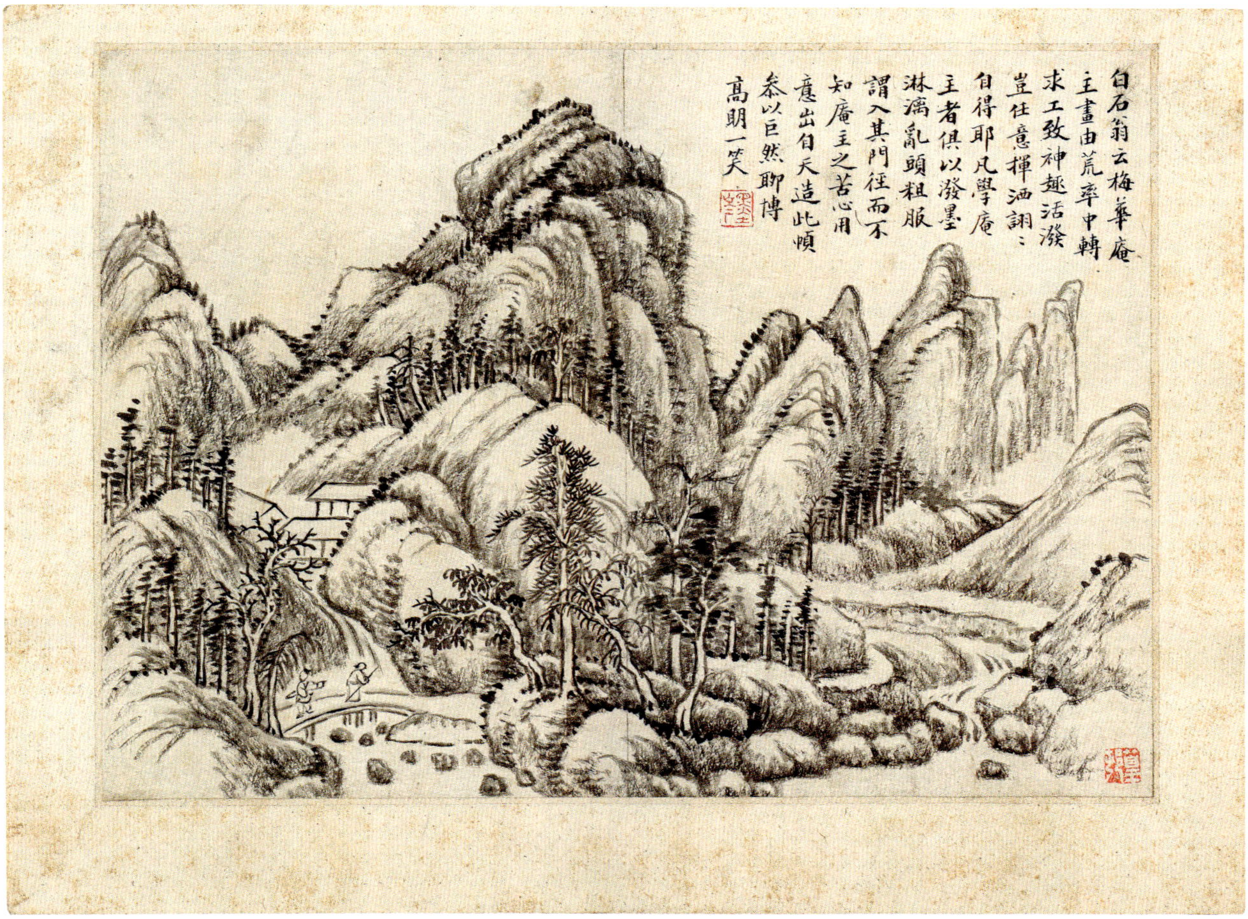

18.3

纸本 水墨

款识：白石翁云：梅华庵主画由荒率中转求工致，神趣活泼，岂任意挥洒、诩诩自得耶！凡学庵主者俱以泼墨淋漓、乱头粗服谓入其门径，而不知庵主之苦心用意出自天造。此帧忝以巨然，聊博高明一笑。

钤印：墨岑（朱）、篁村（白）

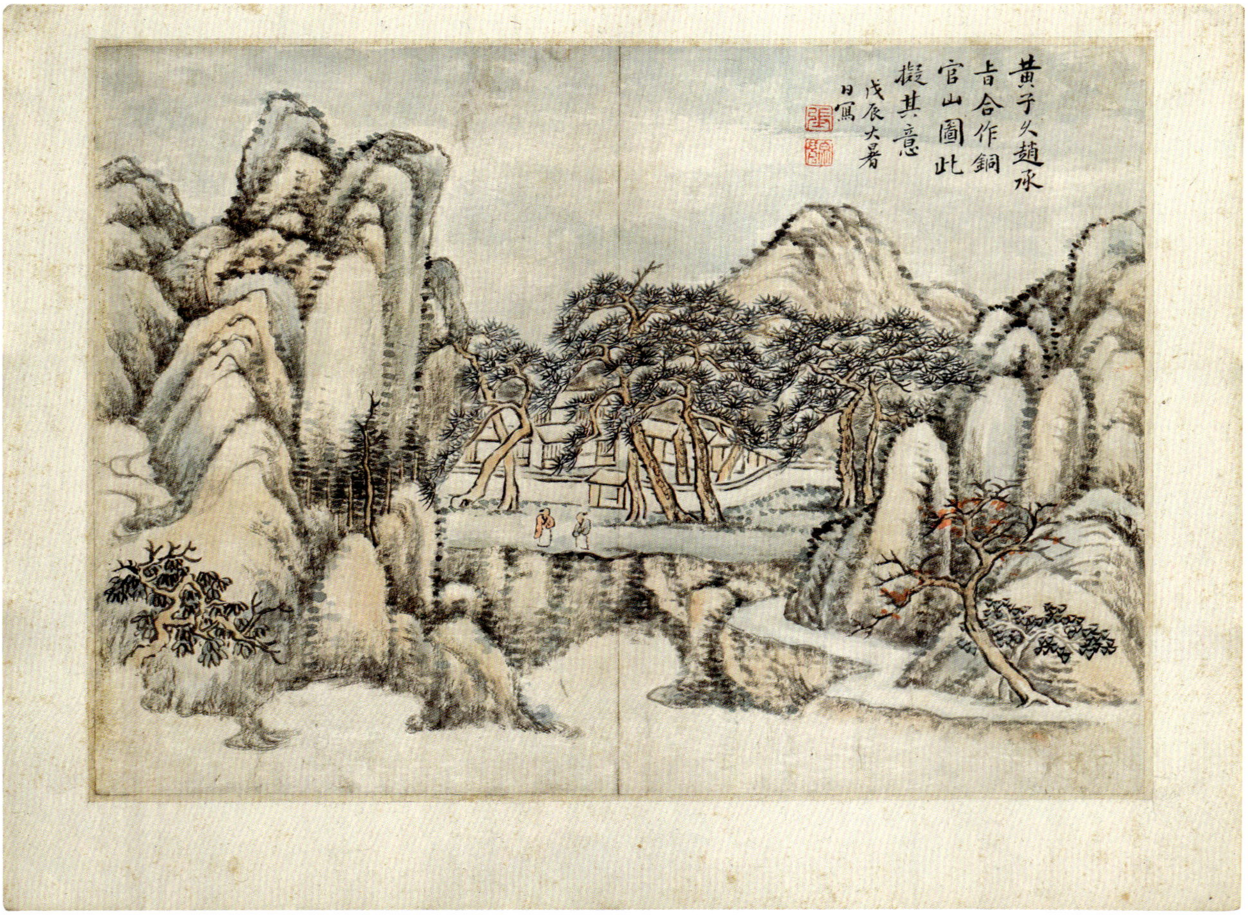

18.4

纸本 设色

款识：黄子久、赵承旨合作铜官山图，此拟其意。戊辰大暑日写。

钤印：张（朱）、宗苍（朱）

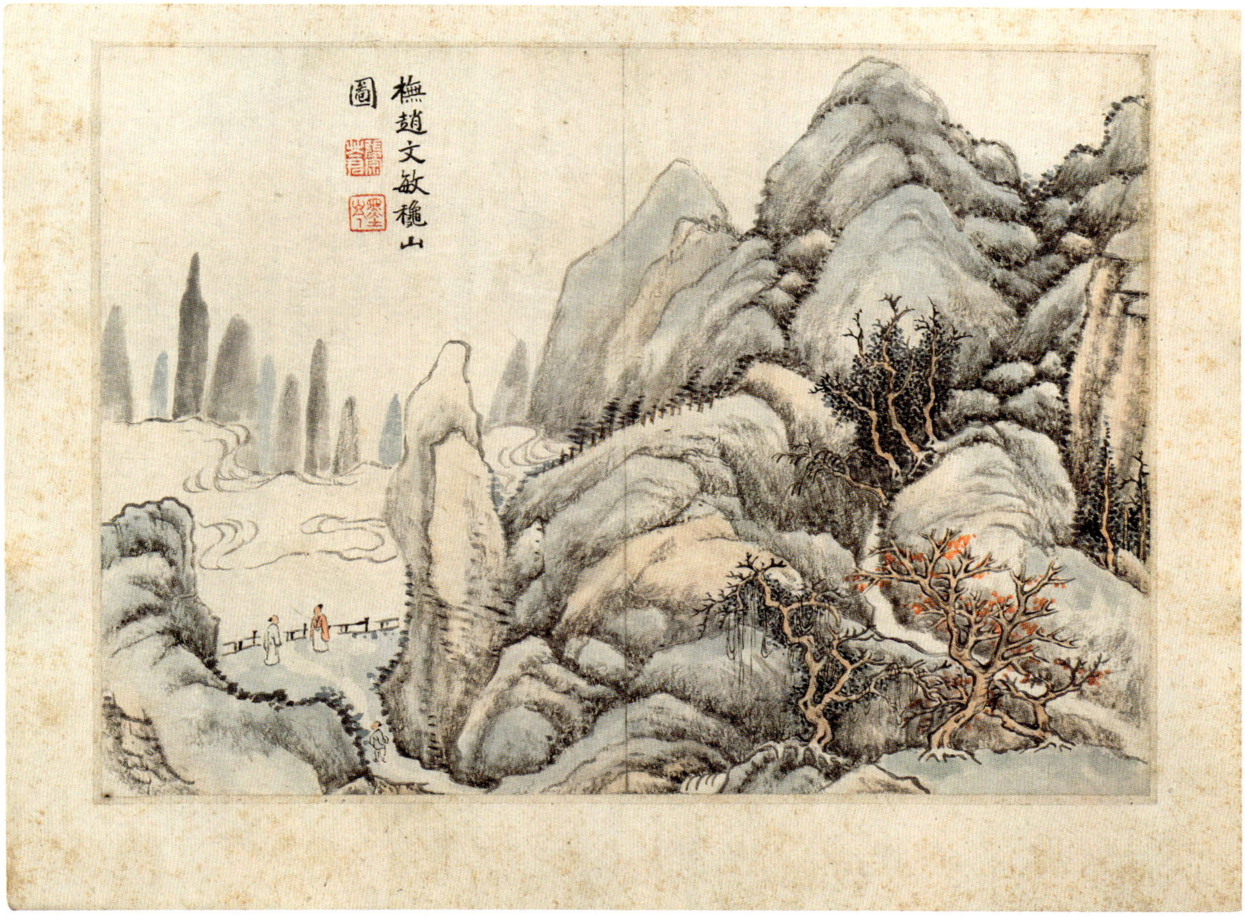

18.5

纸本 设色

款识：摹赵文敏秋山图。

钤印：张宗苍（白）、墨岑（朱）

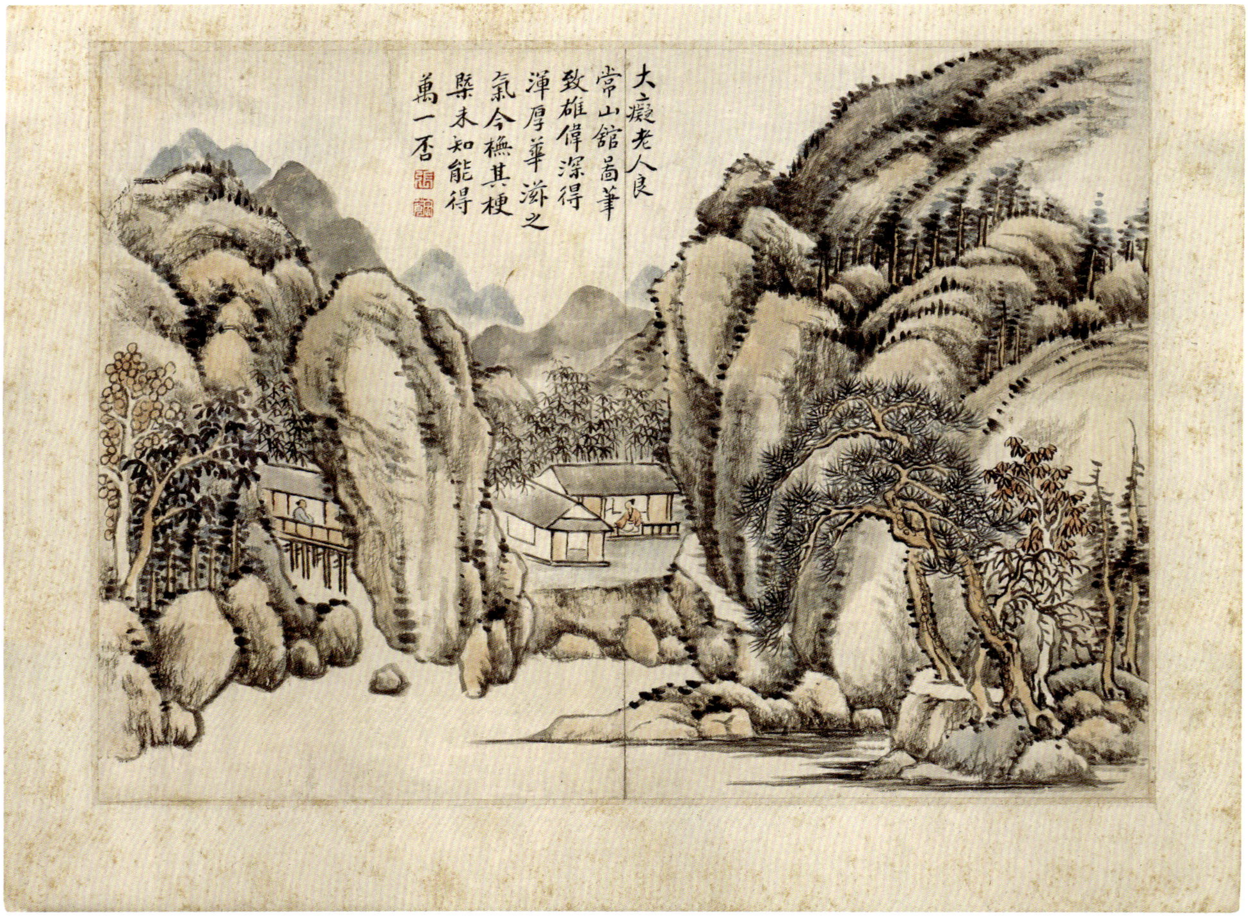

18.6

纸本 设色

款识：大痴老人良常山馆图笔致雄伟，深得浑厚华滋之气，今摹其梗概，未知能得万一否？

铃印：张（白）、宗苍（白）

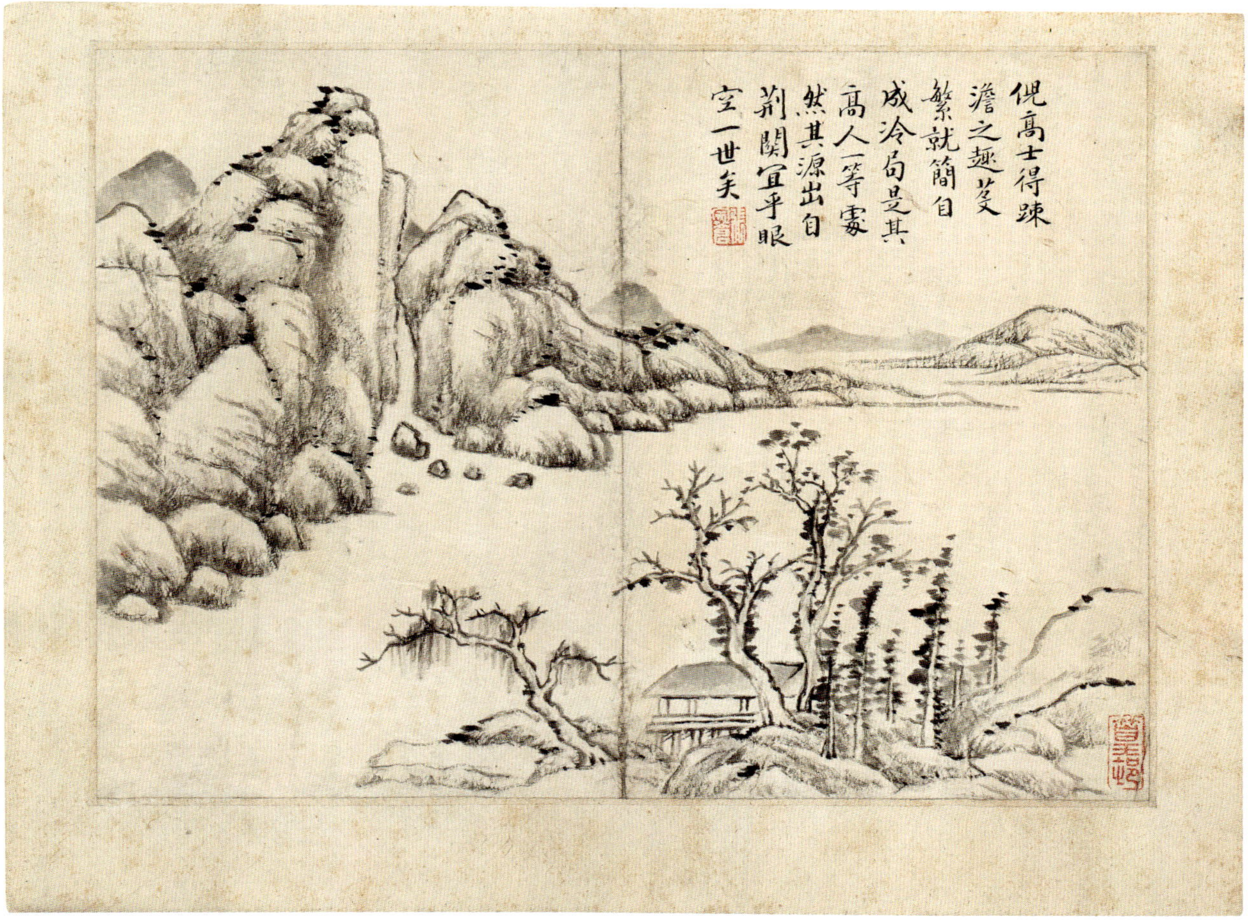

18.7

纸本 水墨

款识：倪高士得疏淡之趣，芟繁就简，自成冷局，是其高人一等处。然其源出自荆、关，宜乎眼空一世矣！

钤印：张宗苍（白）、篁村（朱）

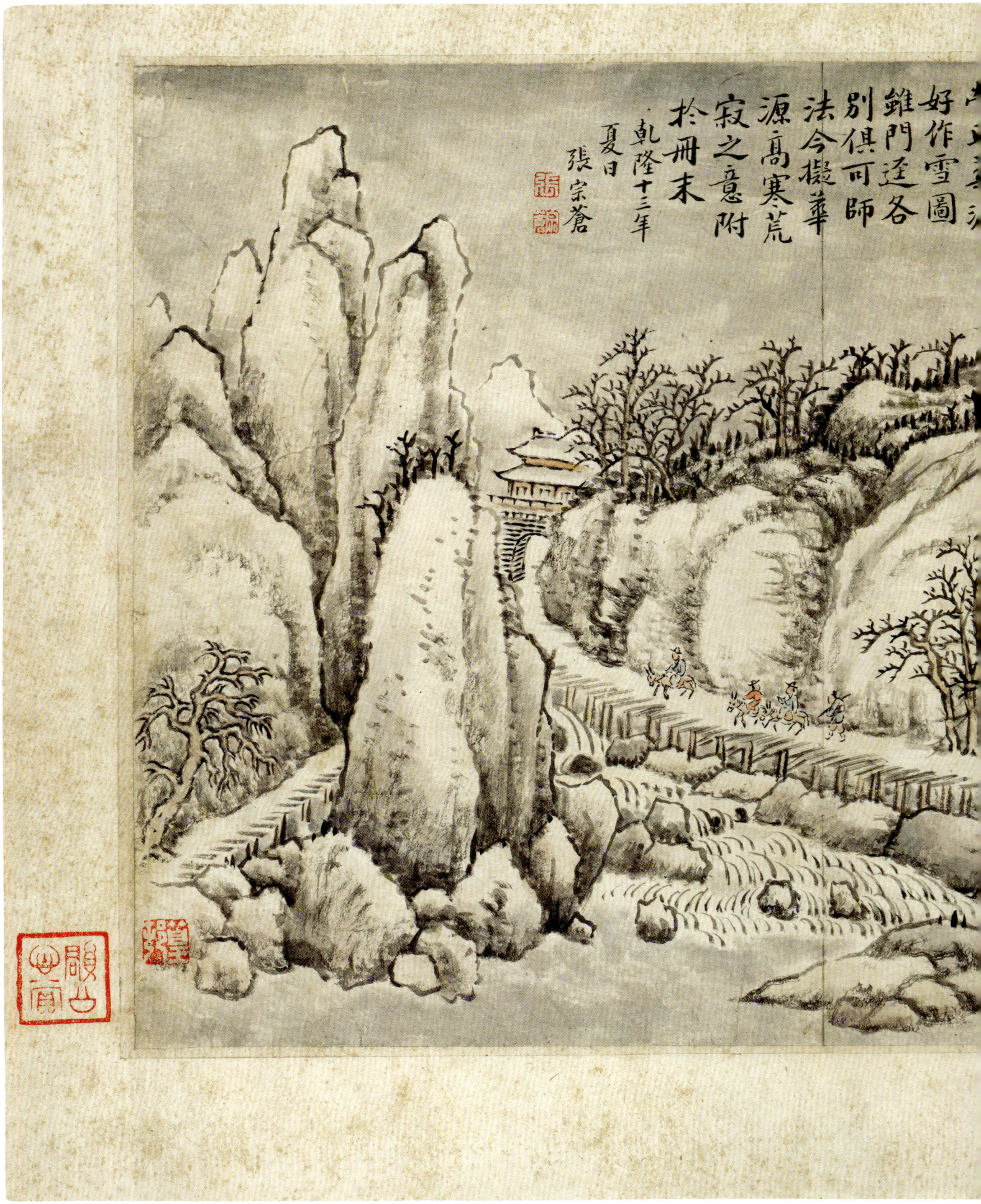
好作雪圖
雖門逕各
別具可師
法今擬華
源高寒荒
寂之意附
於冊末
乾隆十三年
夏日
張宗蒼

18.8

纸本 设色

款识：营邱、华源好作雪图，虽门径各别，俱可师法。今拟华源高寒荒寂之意附于册末。乾隆十三年夏日。张宗苍。

钤印：张（白）、宗苍（白）、篁村（白）

鉴藏印：覩公心赏（朱）、二百兰亭斋鉴藏（朱）

一九　清 钱维城 幽涧山居图轴

纸本 水墨

纵 91.5 厘米 横 42.5 厘米

款识： 臣钱维城恭画。

钤印： 臣钱维城（朱）、敬事（朱）

题签： 钱文敏幽涧山居图。戊辰十月重装，苍桧簃藏。（高凌霨题）

著录： 1. 中国古代书画鉴定组：《中国古代书画图目（十六）》，文物出版社，1997 年，第366 页。

2. 杨仁恺：《中国古代书画鉴定笔记》，辽宁人民出版社，2015 年，第2863 页。

3. 傅熹年等：《傅熹年中国古代书画鉴定组工作笔记》，中华书局，2023 年，第2838 页。

钱维城（1720—1772），初名辛来，字宗磐，一字幼安，号幼庵、茶山，晚号稼轩，谥文敏，武进（今属江苏常州）人，清代画家。乾隆十年（1745）状元，官至刑部侍郎，谥文敏。山水笔意仿王原祁，丘壑幽深，笔墨深厚，亦能界画。《石渠宝笈》收录其作品一百六十余幅。

臣钱维城恭画

二〇　清 郑岱 山水人物图册

纸本 设色 十二开

纵 26.3 厘米 横 20 厘米

款识：秋帆制军大人诲正，钱塘郑岱谨绘。

钤印：郑（白）、岱（白）

题跋：郑岱字紫城，号澹泉，钱塘人，华嵒弟子，山水花鸟不亚于师，书亦秀劲。录墨香居画识。竹溪村萌。

鉴藏印：竹溪村萌（白）

题签：郑澹泉山水册，十二页。竹溪村萌藏。（沈瑞麟题）　鉴藏印：沈萌（朱）

著录：杨仁恺：《中国古代书画鉴定笔记》，辽宁人民出版社，2015 年，第2862 页。

郑岱，清康乾时人，生卒不详，字在东，号淡泉、瑞石山人，钱塘（今浙江杭州）人。擅作山水、人物、花卉，与扬州画派代表人物华嵒为诗画友。清蒋宝龄《墨林今话》云：“与秋岳友善。秋岳以逸胜，淡泉以能胜。”

鄭岱字紫城號滄泉錢唐人華嵒弟子山水花鳥不亞於師書亦秀勁

承墨香居畫識

竹溪邯萌

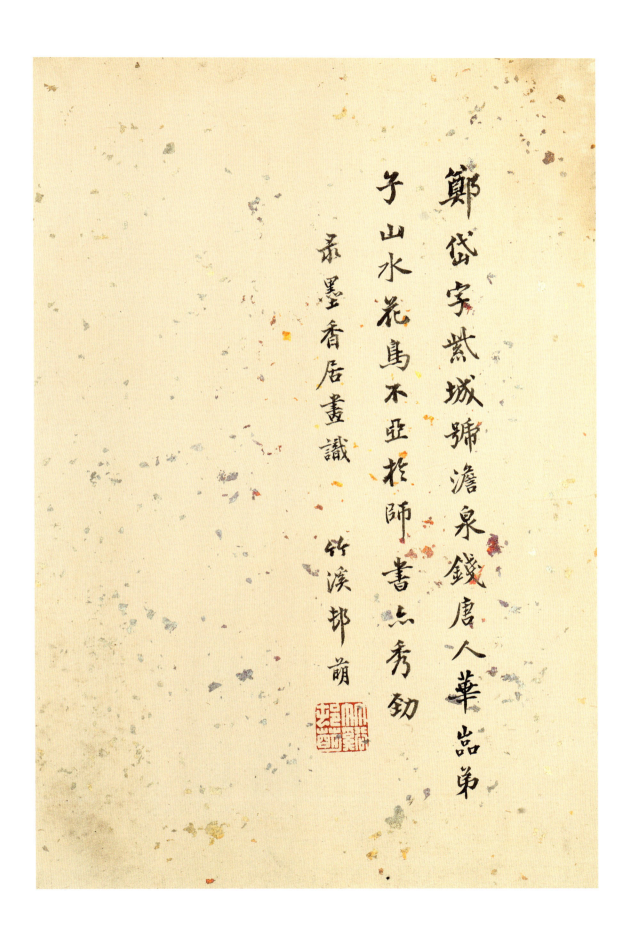

20.1

20.2

20.3

20.4

20.5

20.6

二一 清 郎世宁 嘉禾鹌鹑图

绢本 设色

纵 50.5 厘米 横 48.5 厘米

款识： 雍正二年（1724）夏月，臣郎世宁恭画。

钤印： 臣世宁（白）

鉴藏印： 乾隆御览之宝（朱）

著录： 1. 中国古代书画鉴定组：《中国古代书画图目（十六）》，文物出版社，1997 年，第160 页、第366 页。

2. 杨仁恺：《中国古代书画鉴定笔记》，辽宁人民出版社，2015 年，第2862 页。

3. 傅熹年等：《傅熹年中国古代书画鉴定组工作笔记》，中华书局，2023 年，第2837 页。

郎世宁（1688—1766），意大利米兰人，传教士，清康熙五十四年（1715）来中国，历任康熙、雍正、乾隆三朝宫廷画师，备受器重。工花卉翎毛，擅写真。清胡敬《国朝院画录》云："世宁之画本西法，而能以中法参之，其绘花卉，具生动之姿。"

此画作于雍正二年（1724），作者时年三十七岁。

二二　清 王学浩 岁朝清供图轴

纸本 设色

纵 89.5 厘米 横 44 厘米

款识： 椒畦王学浩。

钤印： 椒畦（朱）、王学浩印（朱白相间）、不求似（朱）

鉴藏印： 罗朝汉印（白）

题签： 王椒畦岁朝图，罗云章所赠。

著录： 1. 中国古代书画鉴定组：《中国古代书画图目（十六）》，文物出版社，1997 年，第160 页、第366 页。

2. 杨仁恺：《中国古代书画鉴定笔记》，辽宁人民出版社，2015 年，第2862 页。

3. 傅熹年等：《傅熹年中国古代书画鉴定组工作笔记》，中华书局，2023 年，第2838 页。

王学浩（1754—1832），字孟养，号椒畦，江苏昆山人，清代书画家。性闲适淡泊，以笔墨自娱，诗、书、画俱佳。山水得王原祁正传，结体精微，笔力苍古，具元人逸致。《清史稿·王学浩传》云："道光之季画苑推为尊宿。"著有《山南论画》。

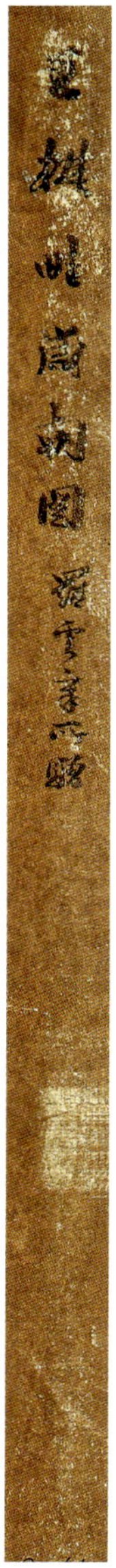

椒畦王學浩

二三　清 佚名 缂丝岁朝清供图

纵 61 厘米 横 84 厘米

二四　清 高其佩 人物图轴

纸本 设色
纵 78 厘米 横 39.5 厘米

款识：铁岭高其佩指头画。

钤印：且园（朱白相间）、佩（朱）、古狂（朱）

鉴藏印：杨文山印（朱）、法库杨彦龙珍藏（朱）

高其佩（1660—1734），字韦之，号且园、且道人，又号南村，铁岭（今辽宁铁岭）人，清代画家。汉军镶白旗轻骑都尉高天爵第五子，以荫官至刑部侍郎。善诗画，尤以指画著称。《国朝画征录》谓其“天资超迈，情奇逸趣，信手而得，四方重之”。

二五　清 佚名 李鸿章家像轴

纸本 设色

纵 152.5 厘米 横 123 厘米

题签：李鸿章家像。丁酉购自都门，东北人大藏。双剑簃主题。（于省吾题）

李鸿章（1823—1901），字子黻，号少荃，晚年自号仪叟，安徽合肥人。道光二十七年（1847）进士，官至东宫三师、文华殿大学士、北洋通商大臣、直隶总督，封一等肃毅伯，谥文忠。有《李文忠公全集》。

二六　清 佚名 阿弥陀佛极乐世界唐卡

麻本 设色

纵 30.5 厘米 横 23 厘米

二七 近代 佚名 摹仇英本清明上河图卷

绢本 设色

纵 30.8 厘米 横 618 厘米

鉴藏印：古娄周氏家藏（朱）、子孙镇家之宝（朱）、息斋（朱）、锜菴（朱）、得天然乐趣斋（朱）、仲宣英雄茂叔君子（朱）、敬慎堂藏书画印（朱）、枕剑梦封侯（白）、揭傒斯印（白）、元和（朱）

二八　近代 吴昌硕 红梅图轴

纸本 设色
纵 136 厘米 横 67 厘米

款识： 1. 花明晚霞烘，干老生铁铸。岁寒有同心，空山赤松树。癸丑秋九月霜降，吴昌硕七十岁。
2. 张孟皋画红梅有此古厚，此作拟之，似未能得猛气，明眼人必赏之。写毕又记，老缶。

钤印： 吴俊之印（白）、吴昌石（朱）、安吉吴俊章（白）、系臂琅玕虎魄龙（朱）

著录： 1. 杨仁恺：《中国古代书画鉴定笔记》，辽宁人民出版社，2015 年，第2862 页。
2. 傅熹年等：《傅熹年中国古代书画鉴定组工作笔记》，中华书局，2023 年，第2838 页。

吴昌硕（1844—1927），初名俊，后改俊卿，字昌硕，后以字行，别号缶庐、苦铁，浙江安吉人。晚清民国时期著名书画家、篆刻家，西泠印社创始人，清末“海派四大家”之一。以写意花卉著称于世，融金石书画于一炉，开创了大写意画风的新境界，对中国近现代绘画产生了巨大影响。

此画作于1913 年，作者时年七十岁。

二九　近现代 齐白石 工虫画册

纸本 设色 十开

题签：吾道何之。白石工虫画册并题此笺。癸未。（齐白石题）　钤印：木人（朱）

齐白石（1864—1957），原名纯芝，小名阿芝，后改名璜，字濒生，号白石，以号行，又号白石山翁、老萍、饿叟、借山吟馆主者、寄萍堂上老人、三百石印富翁等，湖南湘潭人，近现代中国绘画大师。擅画花鸟、虫鱼、山水、人物，笔墨纵横雄健，色彩强烈鲜明，简练质朴中天趣横生。其书工篆隶，善诗文，著有《白石诗草》《白石老人自述》等。

此画册作于1943年，作者时年八十岁。

29.1

纵27.5 厘米　横33.5 厘米

款识：予之小名阿芝。

钤印：木人（朱）

29.2

纵27.5 厘米　横33.5 厘米

款识：白石老人制。

钤印：齐大（白）

29.3

纵27.5厘米 横33.5厘米

款识：最好救飞蛾。白石。

钤印：阿芝（朱）

29.4

纵33.5 厘米　横33.7 厘米

款识：杏子坞白石。

钤印：齐大（朱）

29.5

纵33.5 厘米 横33.7 厘米

款识：白石齐璜。

钤印：白石翁（朱）

29.6

纵27.5 厘米 横33.5 厘米

款识： 木人。

钤印： 白石（朱）

29.7

纵27.5厘米 横33.5厘米

款识：借山吟馆主者白石。

钤印：齐大（朱）

29.8

纵27.5 厘米 横33.5 厘米

款识：星塘老民子孙。

钤印：阿芝（朱）

29.9

纵27.5 厘米 横33.5 厘米

款识：八砚楼头主人。

钤印：木人（朱）

29.10

纵33.5 厘米　横33.7 厘米

款识：三百石印富翁白石。

钤印：借山翁（朱）

齐大（白）

白石翁（朱）

白石（朱）

齐大（朱）

阿芝（朱）

木人（朱）

借山翁（朱）

三〇　近现代 钱达根 花石图轴

纸本 设色

纵 129.5 厘米 横 51.5 厘米

款识：一笑南天祝，何人学米颠？高花初满树，迎蜡发清妍。壬申六月岁望集小天华馆，达根画，寿玺缀句。

钤印：东父（朱）、寿印丏（白）

钱达根（1894—？），字大根，一字东甫，浙江杭州人，民国时期篆刻家、画家。与寿玺交善。

此画作于1932 年，作者时年三十九岁。

三一　近现代 蒋兆和 母爱图轴

纸本 设色
纵 68.5 厘米 横 45 厘米

款识：一九五三年。兆和。
钤印：兆和（朱）

蒋兆和（1904—1986），原名万绥，四川泸州人，中国现代卓越的人物画大师、美术教育家。以中西融合的画法、深邃质朴的画风、娴熟精湛的笔墨，创造性地拓展了中国水墨人物画的技巧。代表作《流民图》在中国近现代绘画史上占有重要地位。

日本書畫

日本书画

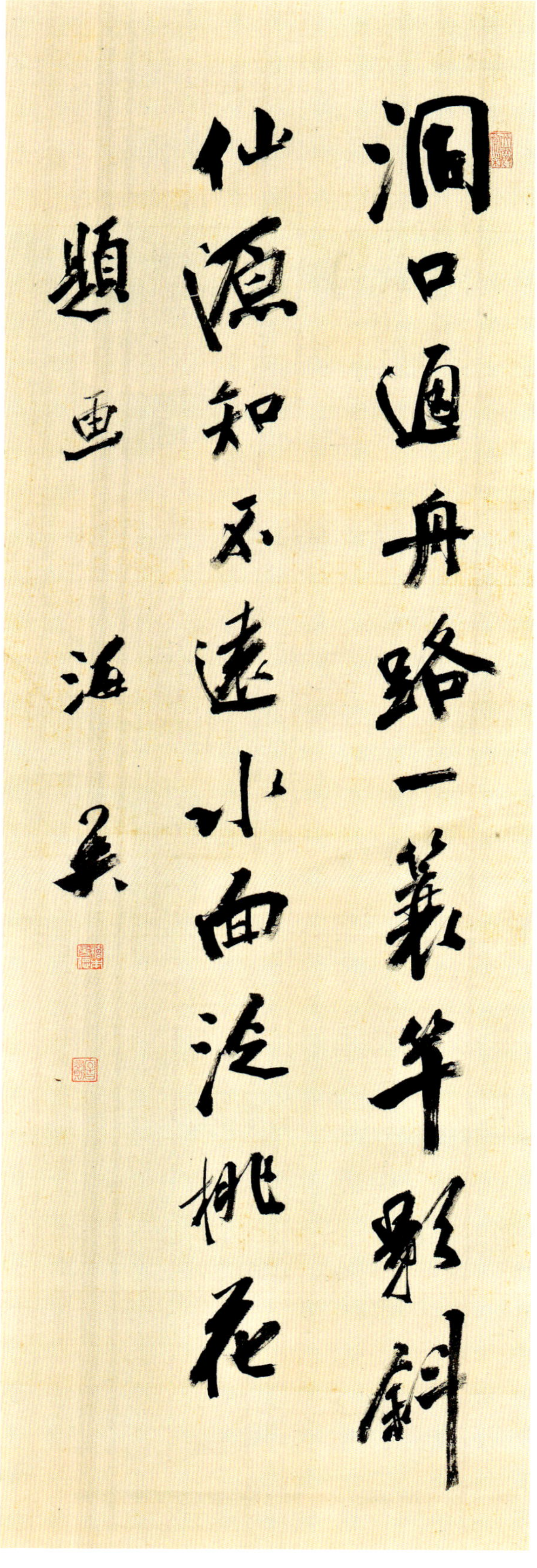

三二　桥本海关　题画五言诗轴

绢本 水墨

纵 120.5 厘米 横 40 厘米

释文：洞口通舟路，一蓑竿影斜。仙源知不远，水面泛桃花。

款识：题画。海关。

钤印：桥本房德（白）、字曰有则（朱）、天爵为荣（朱）

桥本海关（1852—1935），名德，字有则、房德、有邻，号一苇航主、金毛窟、十八洋头吟行者，播州明石（今日本兵库县）人，日本明治时期的汉学家、诗人和历史学者，被称为“明石藩最后的儒学家”。精通汉语，曾在神户、明石的敬义馆和江井岛乡校执教汉文，与康有为、郑孝胥、罗振玉、吴昌硕等人均有交往。晚年致力于乡土历史研究，著有《马牛裾》《一苇航吟》等。

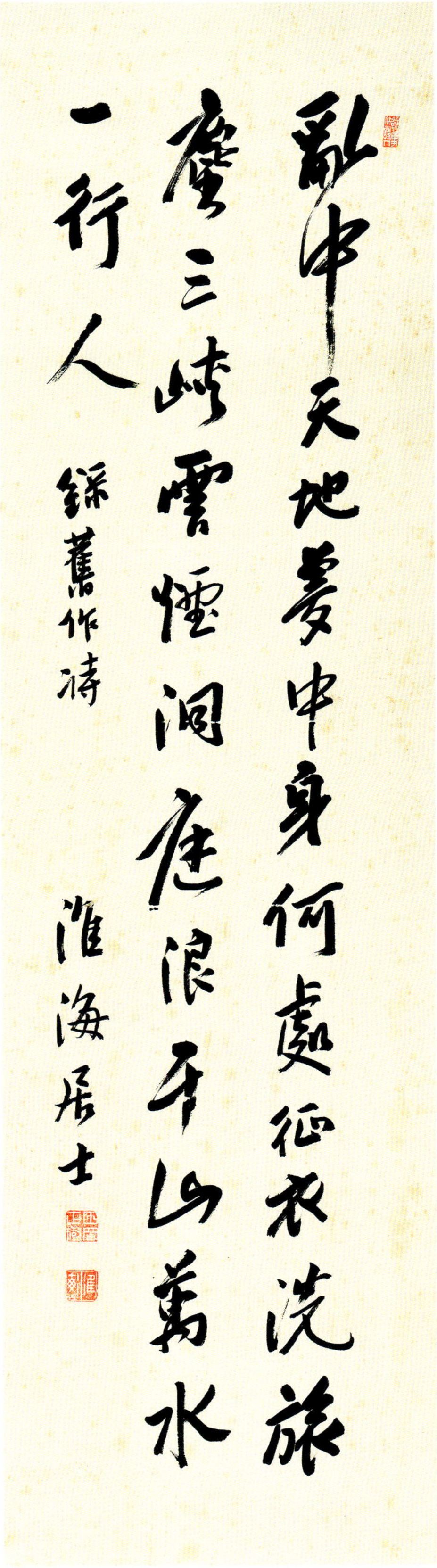

三三　田冈正树 行书七言诗轴

纸本 水墨
纵 145 厘米 横 40 厘米

释文：乱中天地梦中身，何处征衣洗旅尘？三峡云烟洞庭浪，千山万水一行人。

款识：录旧作诗。淮海居士。

钤印：余事作诗人（白）、田冈正树（白）、淮海（白）

田冈正树（1861—1936），字子长，号淮海，土佐县（今日本高知县）人，日本诗人、学者、汉学家。清末曾在天津任北洋陆军讲武堂翻译官，后任上海同文书院教授、满铁调查员等职，在同时期日本驻华军政界中有较大声望。晚年长期寓居大连，直至去世。田冈正树多次前往中国各地游历并写下大量纪游诗，著有《淮海诗钞》等。

三四　驹井源琦 乘龙仙子图轴

绢本 设色

纵 107 厘米 横 47 厘米

款识：宽政辛亥（1791）仲秋写。源琦。

钤印：源琦之印（白）、子韫（白）

驹井源琦（1747—1797），本姓源，名琦，字子韫，京都（今日本京都）人，日本江户中期的著名画家，也是圆山派开创者圆山应举门下高徒，与长泽芦雪并称“二哲”。最擅绘美人图，兼工山水、花鸟。其作品《虎图》被东京国立博物馆收藏。

三五　小田海仙 秋山图轴

绢本 设色
纵 124.5 厘米 横 49.5 厘米

款识：戊午春三月。海仙。

钤印：王嬴（白）、巨海（白）

小田海仙（1785—1862），名嬴，亦作瀛、王嬴，字巨海，号海仙、百谷、百谷山人等，长州（今日本山口县）人，日本江户幕府末期著名画家，师承于四条派宗师松村吴春。长期致力于研究中国的古画与画论，著有《海仙画谱》，图文并茂地阐释了中国传统人物画的十八种白描技法，在清光绪年间传入中国，被《点石斋丛画》收录刊行。鲁迅曾在其散文集《朝花夕拾》中记述三兄弟用压岁钱合买《海仙画谱》之事。

三六　中村不折 江村帆影图轴

纸本 设色

纵 129.3 厘米 横 31.6 厘米

款识：玉树连枝秀，琼华五叶香。不折笔。

钤印：不折（朱）、静乐（白）

中村不折（1866—1943），本名鉡太郎，号环山、孔固亭、永寿灵壶斋等，江户（今东京）人，日本近代著名画家、收藏家。十二岁开始学习日本画，三十五岁时又赴法国留学学习油画，四年后回国，参与发起“太平洋画会”，并历任日本太平洋美术学校校长、泰东书道院学术顾问、帝国艺术院院士等。晚年致力于书法的普及与研究，1936 年，他在自宅创建了“书道博物馆”，馆内收藏与书法有关的文物约1.6 万件。著有《禹域出土书法墨宝源流考》《绘画之道》等，与徐悲鸿等人曾有交游往来。

三七　桥本关雪 桂花宫嫔图轴

绢本 设色
纵 165 厘米 横 58 厘米

款识： 壬戌秋日关雪制于天赐醉乡庐中。

钤印： 关雪（白）、三世渔读（朱）

桥本关雪（1883—1945），本名关一，又名房弘，字士道，号洞雪散人、龙吟、顽批道人、四明狂客、关雪狂客、白沙村庄主人等，神户（今兵库县神户市）人，日本近代著名画家、汉学家，其父即为著名学者兼诗人桥本海关。关雪自幼受到家庭熏陶，二十岁时曾赴京都拜竹内栖凤为师，二十五岁时作品入选日本“文展”并获奖，自此于画坛声名日盛。大正至昭和年间，桥本关雪成为了关西画派的领袖，有“关西第一名手”之称。1914 年起，桥本关雪曾三十余次到中国，并于1928 年在上海举办画展，其间与钱瘦铁、傅抱石、梅兰芳、吴昌硕、徐悲鸿、张大千等人结下深厚友谊。桥本关雪曾言“恨不生长在中国”，足见其对中国文化的热爱。

三八　佐野芦水 岚峡春景图轴

绢本 设色

纵 125.8 厘米 横 36 厘米

款识：岚峡春景。芦水作。

钤印：武本与子（白）、号芦水（朱）

佐野芦水（1893—？），一说生于1904年，号芦水、芦水道人等，日本昭和时期画家。专工于南画山水，先后师从著名画家田近竹村、桥本关雪、水田竹圃等，作品曾入选第五次“帝国美术院”展览。

三九　武谷雪岭 秋山归樵图轴

绢本 设色
纵 126 厘米 横 41.5 厘米

款识：雪岭。

钤印：雪岭印（朱）

武谷雪岭（1896—1981），号砚堂，福冈县（今日本福冈）人，日本昭和时期画家，日本美术院会员。善画山水，师承狩野派画家山内多门，作品曾入选第九次“帝国美术院”展览。

四〇　佚名 龙水图轴

绢本 设色

纵 173 厘米 横 68.5 厘米

钤印： 鲦堂（朱）